博物馆数字化建设研究

李妍 …………………… 著

文化艺术出版社
Culture and Art Publishing House

图书在版编目（CIP）数据

博物馆数字化建设研究 / 李妍著. — 北京：文化
艺术出版社，2023.6
ISBN 978-7-5039-7450-2

Ⅰ.①博… Ⅱ.①李… Ⅲ.①博物馆—数字化—建设
—研究—中国 Ⅳ.①G26-39

中国国家版本馆CIP数据核字（2023）第109699号

博物馆数字化建设研究

著　　者	李　妍
责任编辑	汪　勇
责任校对	董　斌
书籍设计	姚雪媛
出版发行	文化艺术出版社
地　　址	北京市东城区东四八条52号　　（100700）
网　　址	www.caaph.com
电子邮箱	s@caaph.com
电　　话	（010）84057666（总编室）　84057667（办公室） 　　　　　84057696—84057699（发行部）
传　　真	（010）84057660（总编室）　84057670（办公室） 　　　　　84057690（发行部）
经　　销	新华书店
印　　刷	国英印务有限公司
版　　次	2023年7月第1版
印　　次	2023年7月第1次印刷
开　　本	880毫米×1230毫米　1/32
印　　张	7.75
字　　数	146千字
书　　号	ISBN 978-7-5039-7450-2
定　　价	58.00元

目录

第一章　博物馆的数字化之路　/　1

一、博物馆的发展历史　/　3

二、现代博物馆的基本功能　/　8

三、博物馆在当下的地位和存在的意义　/　14

四、传统博物馆的发展局限与困境　/　15

五、博物馆数字化的发展历程　/　23

六、博物馆数字化契合时代发展主题　/　29

七、数字经济下文博业的新气象与新使命　/　31

第二章　数字博物馆的相关理论　/　35

一、新博物馆学的兴起与影响　/　38

二、新博物馆学的理论基础 / 43

三、新博物馆学思潮下"数字博物馆"的发展 / 56

第三章 博物馆的数字化典藏与学术研究 / 61

一、博物馆文物数字化保护的必然性 / 64

二、加强博物馆藏品数字化的有效策略和方法 / 73

三、博物馆藏品数字化对学术研究的影响 / 82

第四章 博物馆的数字化展陈 / 85

一、博物馆传统展陈与数字化展陈的差别 / 88

二、博物馆数字化展陈的交互设计 / 90

三、以观众需求为中心的数字展陈设计 / 106

四、博物馆数字化交互设计的优势与建议 / 114

五、数字化展览存在的问题及建议 / 117

第五章 博物馆的数字化教育 / 121

一、博物馆教育的起源与发展历程 / 124

二、现阶段博物馆教育的常规形式 　/　129

三、当前博物馆数字化教育的创新模式 　/　132

四、博物馆数字化教育的意义和价值 　/　140

第六章　博物馆的数字化传播 　/　145

一、新媒体平台成为博物馆宣传新阵地 　/　148

二、创新传播形式把资源禀赋转化为传播动能 　/　158

三、博物馆数字化平台传播的问题与对策 　/　160

四、博物馆数字化传播的效应提升策略 　/　162

第七章　博物馆数字化与其他产业融合发展 　/　173

一、文旅融合与馆旅合作 　/　175

二、文教融合下的馆校合作和研学之旅 　/　183

三、博物馆与文创设计的融合发展 　/　192

四、博物馆与动漫游戏的融合发展 　/　201

第八章　博物馆数字化的未来展望 / 211

一、博物馆数字化对其自身发展的影响 / 213

二、博物馆数字化对（数字）文娱的影响 / 219

三、博物馆数字化对（数字）经济的影响 / 223

四、博物馆数字化对（数字）生活的影响 / 229

第一章

○

博物馆的数字化之路

一、博物馆的发展历史

博物馆（museum）一词起源于希腊语"mouseion"，意思是供奉缪斯女神（希腊神话中掌管艺术与科学等九位古老文艺女神的总称）及从事研究的地方。公元前3世纪左右，托勒密一世在埃及亚历山大建立了一座缪斯神庙，收集被掠夺的宝藏和艺术品，这被认为是古代博物馆诞生的象征，也被公认为人类历史上最早的博物馆。在相当长的时间内，博物馆沿着两条平行的传统发展：一是以藏品柜为特征，表明对器物的收藏；二是以缪斯的名义出现，表示对知识、艺术和哲学的思考。

现代意义上的博物馆出现在 17 世纪末，1683 年阿什莫林博物馆（Ashmolean Museum）在英国牛津大学建立，"museum"正式成为博物馆的通用名称。18 世纪，英国一位名为汉斯·斯隆的医生将其收藏的 8 万件藏品捐赠给英国王室。王室决定以此为基础成立一座国家博物馆。于是，1753 年世界上第一个对公众开放的大型博物馆——大英博物馆诞生了。当时把"博物馆"定义为"贮存和收藏各种自然、科学与文学珍品或趣物或艺术品的场所"，可以看出，"博物馆"一词已经从最早的具有丰富、广泛内涵和高度综合性的母体概念中分离出来，专指收集、研究和展示对人类智力发展有价值的物品的场所。随着人类对自身文明、客观世界的认识的不断深入，各个国家对博物馆的形态、功能、使命的认知也在不断丰富，并呈现出差异化的特点。什么是博物馆？博物馆到底是做什么的？哪些地方可以称为博物馆？这些问题在博物馆漫长的历史发展过程中，曾困扰着博物馆专家、各类博物馆组织，他们一直围绕着博物馆的定义、功能、使命争论不休。

博物馆的公认定义，是在国际博物馆组织出现后问世的。1946 年，国际博物馆协会（ICOM）在法国巴黎成立，它是一个服务于各博物馆和相关专业人士的国际组织，致力于当下和未来、有形和无形的自然和文化遗产的保护、延续及向社会传播。[1] 国际博物馆协会自成立至今的 70 多年间，先后对博物馆的定义进行了界定和修改。1946 年，国际博物馆协会对博物馆的定义是：博物馆是指向公众开放的美术、工艺、科学、历史以及考古学藏品的机构，也包括动物园和植物园，但无常设陈列室的图书馆除外。1974 年，在丹麦哥本哈根举行的国际博物馆协会第 11 届大会通过的章程中明确规定：博物馆是一个以研究、教育、欣赏为目的而征集、保护、研究、传播和展示有关人类及其环境见证物的、为社会及其发展服务的、向大众开放的、非营利的永久性机构。这一定义比之前的定义增加了"人类及其环境见证物""为社会及其发展服务""非营利性"等，尽管该定义并不完美，但得到了各国和各学派的普遍认可，并成为多个国家制定自己的博物馆定义的基础。特别是在 2001 年国际博物馆协会对博物馆定义的修订中，将从事保护、传承和管理有形与无形遗产（非物质文化遗产和数字创造性活动）的文化中心和其他实体也列入博物馆的范畴，说明国际博物馆协会也认识到

---

1 根据国际博物馆协会官方网站翻译。原文为："ICOM is an international organization of museums and museum professionals which is committed to the research, conservation, continuation and communication to society of the world's natural and cultural heritage, present and future, intangible and intangible."

非物质文化遗产在人类文化遗产中的重要地位和作用。最近一次对博物馆定义的修订发生在 2022 年 8 月 24 日，在布拉格举行的第 26 届国际博物馆理事会特别会议通过了博物馆的新定义：博物馆是为社会服务的非营利性常设机构，它研究、收藏、保护、阐释和展示物质与非物质遗产，向公众开放，具有可及性和包容性，博物馆促进多样性和可持续性，以符合道德且专业的方式进行运营和交流，并在社区的参与下，为教育、欣赏、深思和知识共享提供多种体验。

从博物馆发展历史及不同时代产生的定义中，可以看出其范畴、功能也在发生着变化。古代博物馆的核心功能是"收藏与学习的场所"，在近代博物馆的早期，"收藏和保护"是主要任务；而国际组织成立之后，公益性成为它的首要职责，它不仅实现了有形"物"领域的价值多元化，而且凸显了博物馆与社会的关系，它不单是保存、研究文物的学术机构，还是具有征集、保护、研究、传播和展示等多重功能，面对公众、担负教育责任的科普教育场所。这是国际社会对博物馆功能认识不断加深的结果。也因此，今天的博物馆是保护、研究和展示历史文化遗产和人类环境见证物的文化教育机构，作为提高大众文化素养的科普教育基地，它是一个国家或民族文明成就和发展水平的重要展示窗口，也是区域文化、经济、社会历史溯源与持续进步的形象标志，成为公众文化资产。

我国博物馆的发展已经走过了一百多年的历史。1905年，张謇创办了中国第一家博物馆——南通博物苑，这是中国人自己创办的第一家博物馆，此前在中国的博物馆都是由外国人创办的。1912年，在时任临时政府教育总长蔡元培的领导下，在北京国子监筹备国立历史博物馆，并于1926年对外开放，这是中国第一家由国家创办的博物馆。此后，博物馆陆续在不同城市建立。1935年，中国博物馆协会成立。1937年，博物馆数量达到72座。后来由于战争动乱，1949年，全国博物馆仅保留21座。[1] 在20世纪80年代的改革开放背景下，中央政府将部分权力下放给地方政府，全国范围内建立了各种博物馆和具有博物馆性质的文物管理所，使博物馆数量迅速增加。20世纪90年代后，随着城市化进程的加快，博物馆成为现代城市建设的象征之一。一些城市开始建设和改造博物馆基础设施，博物馆类型呈现多样化，包括综合类、历史类、艺术类、自然类、科技类、民俗类、产业类等，博物馆事业得到快速发展。截至2021年，备案博物

1《从十八大以来的两会提案看中国博物馆的发展》，参考网（https://www.fx361.com/page/2021/0406/8061916.shtml）。

馆总数已达 6183 家。[1]

二、现代博物馆的基本功能

1974 年，国际博物馆协会第 11 届大会在章程中提出的博物馆定义基本得到各方认可。在此基础上，1989 年国际博物馆协会第 16 届会议将"不受任何政体性质、地域特征、职能机构或相关机构收藏藏品的定位等因素的限制"补充到了博物馆的定义当中，形成了国际公认的博物馆的经典定义。尽管经历了多次修订，但博物馆定义的基本要旨在这两次会议上最终定型。

这一定义不仅强调博物馆收藏、研究的基本属性，同时也将博物馆与社会和大众利益结合，凸显了博物馆独特的社会属性。尽管博物馆研究机构和行业组织对博物馆的定义已达成基本共识，但很多国家仍会根据自身文化、历史及社会背景，对博物馆的内涵和外延提出一些独特的理解。比如：美国博物馆协会强调博物馆是非营利性的公共机构，它本身是为了向公众展示其保存、收藏的物体和标本，从而达到教

---

[1]《国家文物局：2021 年备案博物馆达 6183 家，超 90% 博物馆免费开放》，2022 年 5 月 18 日，央广网。

育和欣赏的目的；英国、澳大利亚、法国等国家博物馆协会将保护和建设博物馆的公益化行为视为保护大众的利益，提出博物馆可以通过尽可能多地向公众展示藏品来提升公众的文化素质和美学感知能力，为知识的进步、研究和传播贡献力量。在我国，2006年文化部发布的《博物馆管理办法》第二条规定："本办法所称博物馆，是指收藏、保护、研究、展示人类活动和自然环境的见证物，经过文物行政部门审核、相关行政部门批准许可取得法人资格，向公众开放的非营利性社会服务机构。"从这一定义看，我国也根据国际上对博物馆的定义做出了相应的反应。综合来看，虽然世界各国对于博物馆的定义和其所包含的范畴略有差异，但普遍认可"收藏、研究、传播和教育"是博物馆这一公共空间的基本功能。

（一）收藏是博物馆的立馆之本

大众收藏意识的形成是博物馆概念的起源。收藏功能是博物馆这一公共文化空间的形成起源及初始目的，博物馆功能的衍生和升级均建立在对藏品，尤其是对实物藏品的收藏基础上。早期博物馆定义将藏有藏品和标本的机构、植物园、动物园、水族馆及公共图书馆和档案馆附属的常设展馆都纳入其中。这些场馆的藏品大多依赖于国家专门机构的采集和整理，因而收藏种类较为匮乏，社会公众的参与度不高。

近年来，随着博物馆藏品的私人捐赠形式越来越普遍，藏品内容的丰富度、广博度和公众的参与度都有了一定提高，博物馆与社会的联系变得更加密切，博物馆不再是藏品的单一储存空间，转而作为诠释文化遗产的内涵和精神文化符号的集合，场域范围的扩大使其逐渐成为承载社会利益和意识的公共领域。

（二）研究是博物馆的立馆之要

博物馆的研究功能是促使其发展的重要功能之一，博物馆藏品为科学研究提供了丰富且珍贵的资源，而科学研究是实现博物馆藏品资源价值的重要途径。如果博物馆对本馆藏品缺乏系统深入的研究，不仅难以对藏品进行科学的保护和管理，削弱了藏品价值，还会导致藏品展陈在设计开发上的空洞无物和刻板无趣，难以吸引公众的注意，不利于博物馆的发展。博物馆只有加强学术研究，才能提升展览陈列和宣传教育的专业性和权威性。

博物馆研究的优势主要体现在以下两个方面：第一，基于实物的研究方式更加有说服力。博物馆大多以馆内藏品为中心进行研究，因而其研究方式更加直观，研究内容更加具象，研究成果也更具说服力。第二，博物馆研究的社会效应更加凸显。博物馆是公众和科学研究之间的桥梁，能够直接反映出社会与科学的关系，科学研究可以放大博物馆的社会效应，同时社会反馈也会指引科学研究的方向。

（三）展陈（传播）是博物馆的立馆之路

博物馆展陈是指在博物馆内以教育、学习、公益为目的展出藏品，并对藏品进行解读所开展的一系列活动。美国学者谷德（G. B. Goode）曾提出："博物馆不在于其拥有什么，而在于以其资源做了什么。"这句话明确地阐释了博物馆的社会服务功能，尤其是其展陈功能的价值和意义。

博物馆展陈功能的实现依赖于两个方面的设计：一是博物馆展陈的内容设计，指的是博物馆利用馆藏资源设计出独特品位的展览内容，以使观众在封闭的场域范围内最大限度地吸收展览内容，激发自身的想象力和创造力；二是博物馆展陈的交互设计，指的是根据藏品内容的不同，设计相应的参展形式和沟通方式，帮助受众更加深入地理解藏品精神和内涵。这种特色化、服务化的交互模式会给受众留下深刻印象，从而有利于博物馆传播效力的增强。受物理空间的限制和新兴文娱消费理念的冲击，如今传统博物馆的展陈反响相对于其他文娱行业如视频、手游等，有着明显的不足，博物馆展陈迫切需要向亲民化和生活化的形式转型。但不可否认的是，无论运用何种技术手段进行展陈，何种沟通方式进行传播，博物馆展陈所形成的内容设计理念和交互行为准则都不会发生改变，博物馆作为具有展陈功能的公共文化空间，仍将继续发挥其在展品观赏、交互传播和文化输出方面的优势。

（四）教育是博物馆的立馆之魂

由展陈（传播）功能延伸出来的教育功能是博物馆最突出的功能，尤其是对于现代博物馆来说，教育是博物馆的灵魂，是博物馆功能的重要体现。曾经的博物馆专注于收集和保护文物，但现在更注重为公众提供教育服务。1907 年，美国波士顿艺术博物馆率先使用导览人员帮助观众解读展品，成为美国博物馆教育的开端。从 20 世纪 60 年代起，博物馆教育就成为一个职业领域，隶属于广义教育的范畴。[1] 在学习型社会建设浪潮中，"终身教育"理念更是把博物馆推向教育的一线，博物馆成为学校之外开展非正式学习的重要社会教育机构。2007 年，国际博物馆协会调整了博物馆的定义，

---

1 参见刘灿姣、姜薇《英国博物馆数字化战略的教育影响与启示》，《当代教育与文化》2019 年第 3 期。

按照博物馆经营目的的顺序，将教育调整到第一位，取代了多年来将研究置于优先地位的传统。我国在 2015 年颁布的《博物馆条例》中，首次把博物馆的教育职能放在了博物馆功能的首位。从中我们可以看出，一个机构如果不对公众开放、不发挥社会教育传播职能，那么即便它有收藏和科研职能，也只是一个文物保护所或研究所，并不能称之为真正的博物馆。

博物馆教育是一种非正式的学习行为，是发生在个人、社会和物质环境中的体验，能够作为学校教育的补充。博物馆教育以参与性的、交互性的和引人入胜的方式向公众传播思想，增长受众的知识，进而提高公众的思想品德和科学文化素养。按照教育空间的不同，博物馆教育大致可以分为以下两种形式：第一种形式是展馆教育。这种方式使观众与博物馆藏品、展品直接或间接地处于同一空间，通过向观众展示藏品、展品，介绍其内涵，帮助观众直观地观赏和了解，从而实现教育的目的，其主要形式有主题展示、座谈及研讨会、发行博物馆出版物等。第二种形式是将博物馆藏品、展品与学校教育相结合，通过向学生展示博物馆藏品、展品，解释其内容，对学校教育起到补充和完善作用。这种方式依靠学校教育推广、相关课程设计等形式实现。

三、博物馆在当下的地位和存在的意义

近年来，世界各地掀起博物馆建设的热潮，很多博物馆建成后成为当地的地标性建筑，成为文化和旅游的热点。据统计，2021 年我国新增备案博物馆 395 家，备案博物馆总数 6183 家，居世界前列。自 2008 年中宣部印发《关于全国博物馆、纪念馆免费开放的通知》，要求中央级文化文物部门归口管理的博物馆全部向社会免费开放后，观众到博物馆参观的热情较之以往更加高涨。据统计，2021 年有 5605 家博物馆实现免费开放，占博物馆总量的 90% 以上。2021 年，全国博物馆共举办展览 3.6 万场，教育活动 32.3 万场，共接待了 7.79 亿游客，举办了 3000 多场在线展览和 1 万多场在线教育活动，在线浏览总量超过 41 亿，这些可观的数字还都是发生在受疫情严重影响的 2021 年。据文化和旅游部数据中心测算，2019 年中国 5535 家博物馆创造了约 324 亿元的旅游收入，对 GDP 的综合贡献为 539.46 亿元。除了自身从业人员（10.8 万余人）以外，还创造了大约 1.5 万个直接和近 2.7 万个间接就业岗位。

国内博物馆在建设数量、服务观众的数量迅速增长的同时，发展质量也有了显著提升。各博物馆努力打造有特色的建筑外观，内部配置先进的设备、设施，优化参观路线，打

造精品展览，尽可能考虑观众的需求，努力让观众有"宾至如归"的感觉，享受高质量的文化服务。如今，越来越多的人选择在闲暇时间参观博物馆，"去博物馆"已经成为一种新的娱乐方式和社会潮流。2021年，《关于推进博物馆改革发展的指导意见》提出，到2035年，中国特色博物馆制度更加成熟定型，博物馆社会功能更加完善，基本建成世界博物馆强国，为全球博物馆发展贡献中国智慧、中国方案。该指导意见也为中国博物馆未来的发展指明了方向和目标。

四、传统博物馆的发展局限与困境

经过多年的发展，博物馆在公共文化服务领域已具有不可替代的地位，各项基础设施基本齐全，展陈模式的开发设计也相对成熟。但随着社会环境的不断变化，科学技术的不断更迭，公众对博物馆公共服务质量的要求发生着变化，传统博物馆在展陈、收藏、教育、传播等功能上也暴露出不足，面临着滞后、因循守旧、孤立的发展困境。具体体现在如下几个方面。

（一）硬件设施与博物馆资源的不匹配

通常情况下，博物馆收藏的文物大多是书画、雕塑、标本等易损坏的物品。文物本身较为脆弱，对储存条件要求较高，需置于宽敞、绝对安全的空间中。然而受博物馆公益性质的制约，绝大多数博物馆的经济收益较低，运转资金相对有限，因而难以提供周全的保护和收藏手段。例如部分博物馆库房没有进行防虫防盗处理，藏品被破坏的风险较高，藏品保护存在不确定性，一旦发生损毁，带来的损失将难以估量。

就博物馆展陈而言，受时间和空间的限制，博物馆在进行展陈设计时，需要考量人员流动性、密集程度等多重因素，以实现空间和时间的最优配置，这很可能导致展陈设置的局促或者展示内容的不完整，削弱了展览的应有价值，降低了大众对传统博物馆的兴趣。尤其是受疫情影响的几年，观众对人员密集的场所存在一定的畏惧和规避心理，这对于传统博物馆来说是巨大的挑战。

（二）博物馆固有壁垒易造成"孤岛困境"

博物馆所承载和展示的内容，因其自带厚重的历史文化氛围，对于普通观众来说具有一定的解读门槛。传统博物馆在做不到充分阐释的情况下，会使得那些无法理解博物馆所提供价值的人群出于畏惧或自我保护的心理，主动逃避或远离博物馆空间，造成博物馆与普通大众群体的分隔。作为公共文化设施，与大众关系的疏离，致使博物馆很容易陷入"孤岛困境"当中，不利于博物馆文化事业的发展。

此外，就博物馆研究而言，其功能的实现依赖于与社会环境、外部机构的积极沟通，其研究成果最终也将呈现到博物馆展陈与教育之中。然而，目前博物馆由于档案信息不完整，文物信息采集困难，交互系统不完善，社群平台开发不足等多重原因，难以形成与公众、研究机构、高等院校的有效沟通，抑制了资源的最大化利用，导致藏品研究的浅表性、藏品解读的专业屏蔽性。

在博物馆内部还存在大量封闭的、各自为政的系统。数据不准确、不贯通、不共享，"信息孤岛"现象不可避免，导致内部工作流程重复、工作效率低下，对外服务无法有效改进，传播能力受到限制，社会教育形式单一、僵化，管理层决策无法得到精准的数据支撑，这些都严重制约了博物馆高质量发展。

（三）博物馆话语体系与社会意识存在脱节

博物馆是为社会精神文明服务的，与社会经济、文化和历史发展有着十分密切的关系，因此需要不断以开放发展的眼光与外界深入交流。《丰裕社会》一书中指出：随着社会的进步，人类的基本需求可以被满足，社会就进入了充满个性化交互需求的时代。

为了顺应时代的发展，博物馆需要进行一场个性化、体验化、社会化的变革。近年来，国际博物馆日的主题屡屡强调博物馆与社会的关系，如 2008 年主题为"博物馆：促进社会变化的力量"，2015 年主题为"博物馆致力于社会的可持续发展"，2020 年的主题为"致力于平等的博物馆：多元与包容"。这些主题旨在推动博物馆与社会意识的融合，从而消除博物馆与公众的隔阂。近年来国际博物馆协会全体会议主题如表 1-1 所示。

表 1-1　近年来国际博物馆协会全体会议主题一览

年份	博物馆日主题
1992	博物馆与环境
1993	博物馆与土著人
1994	走进博物馆幕后
1995	反应与责任
1996	收集今天　为了明天
1997	与文物的非法贩运和交易行为进行斗争
1998	与文物的非法贩运和交易行为进行斗争
1999	发现的快乐
2000	致力于社会和平与和睦的博物馆
2001	博物馆与建设社区
2002	博物馆与全球化

年份	博物馆日主题
2003	博物馆与朋友
2004	博物馆与无形遗产
2005	博物馆——沟通文化的桥梁
2006	博物馆与青少年
2007	博物馆与共同遗产
2008	博物馆：促进社会变化的力量
2009	博物馆与旅游
2010	博物馆致力于社会和谐
2011	博物馆与记忆
2012	处于变革世界中的博物馆：新挑战、新启示
2013	博物馆（记忆＋创造力）＝社会变革
2014	博物馆藏品架起沟通的桥梁
2015	博物馆致力于社会的可持续发展
2016	博物馆与文化景观
2017	博物馆与有争议的历史：博物馆难以言说的历史
2018	超级连接的博物馆：新方法、新公众
2019	作为文化中枢的博物馆：传统的未来
2020	致力于平等的博物馆：多元与包容
2021	博物馆的未来：恢复与重塑
2022	博物馆的力量
2023	博物馆、可持续性与美好生活

然而，目前除少数具有代表性的博物馆以外，大多数中小型尤其是地方博物馆仍处于无特点、无个性和无序的发展状况，各馆之间同质化现象严重，展览内容与社会文化脱节，展览仍局限于藏品展示、标签化解读等僵化形式，博物馆整体创新性不足，难以刺激观众的了解欲望。这类因博物馆与社会意识脱节而造成的创新性不足等问题，根本原因在于博物馆忽视了现代文化消费中对"感受""交互"的需求，致使博物馆展陈话语体系与社会语言不相匹配，难以形成轻松有趣且易于解读的展览内容。

（四）博物馆与其他产业融合度不高

随着信息技术的快速发展和经济全球化趋势的助推，不同产业或同一产业内的不同行业正在相互渗透和融合，产业间的界限也越发模糊，以此寻求产业间的联合、合作以实现效益最大化。在这一进程中，文化产业凭借其自身形态的多元化，成为产业融合的重要催化剂，开辟了一种基于共同基础的互利互惠的新型融合模式，形成了如生态旅游业、文化制造业等新兴文化融合产业。

然而，博物馆在这一融合过程中的参与度并不高，这一方面因为博物馆严肃化、说教化的组织特征，使其较难同消费者产生一定的情感连接，无法清楚地揣摩大众的消费心理，因而无形中远离了大众文化消费市场；另一方面，由于博物馆的非营利性导致其在文化产业链条上的缺失，使其难以与其他相关产业建立紧密的协作关系，所以无法同其他产业产生强烈的联动效应。当前只有少数博物馆在文化衍生品开发、产业融合意识等方面能够获得消费者的认可，其他大多数博物馆由于馆藏资源相对扁平、专业管理人才缺失、资本支持匮乏等原因，使其在博物馆融合创新上的尝试尚处于浅表化阶段，并没有实现真正的产业创新，更未能创造出新的经济增长点。

以上四类困境表现出博物馆传统的生产模式和功能价值与现代化、信息化的社会发展背景的脱节，其根本原因在于博物馆功能严肃化、生产模式扁平化与"体验与感受作为观众审美趣味的体现"这一当今重要的文化消费趋势的背离。"美国著名博物馆学者 S. 威尔（S.Well）却认为，博物馆过于强调功能，忽视了它存在的目的，那就是'为大众开放，促进社会发展，并以研究、教育及娱乐为目的'。"[1] 博物馆对收藏、保护和教育功能的过度重视，使其忽略了人的感受、人与博物馆的情感关系，而这些也对博物馆的发展有着重要

---

1 单霁翔：《关于新时期博物馆功能与职能的思考》，《中国博物馆》2010 年第 4 期。

的作用。

在新博物馆学的研究内容中，可以看到博物馆的主要关注点正逐渐向个体感受及社群关系倾斜。如何打破现有博物馆发展的局限与困境，使博物馆成为兼具趣味与价值的教育空间，也是本书的研究目的之一。科技进步所带来的人类活动场域的拓展是数字时代最重要的特征之一，发挥数字技术的独特优势，带动博物馆活动范围的扩大，拉近博物馆与社会的距离，使其重新焕发生机，或许是解决博物馆当下困境的有力方法。

收藏、研究、展陈、教育是当今博物馆的核心功能，虽然说不同国家对其核心功能的顺序有所调整，但是从国际博物馆协会对博物馆定义的一再修订不难看出，随着时代的发展，博物馆的职能和目标被不断地重新定位。今天的博物馆已经不再是一个有形的物理空间，观众在其中只是被动地接受策展团队营造的场景；它已然成为一个超越物理空间的无形综合体验体，是一个集学习、交流、追忆、社交、媒体、休闲，甚至疗愈功能于一体的空间，身处其中，观众全方位的感官、思考、审美、体验、记忆、欲望等被调动。

五、博物馆数字化的发展历程

随着计算机和网络通信技术的发展，博物馆领域也出现了"数字化博物馆""数字博物馆""博物馆的数字化"及"博物馆信息化"等一系列术语，这表明我国博物馆信息化建设仍处于发展初期，人们对这些术语的真正含义有着不同的理解，对这一领域的研究工作相对于实践已经滞后。"数字化"一词，英文表述为"Digitization"，具有动词性，从原理上讲，是指使用二进制编码方法，用电磁介质存储和处理最初附着在其他对象上的信息。例如，博物馆把原来用纸张或化学感光材料记录和存储的实物藏品信息，转变为用计算机存储和处理的信息。[1] 博物馆数字化的最初目的是用于藏品管理，实现藏品的数字化管理以提升博物馆内部管理工作效率。这一过程是狭义的"博物馆数字化"。"信息化"一词最早是由日本科学技术与经济研究团体在1967年提出的，对应的日文是"情报化"。而在汉语中"信息"指的是通过一定的物质载体反映客观事物变化和特征的实质性内容。数字化的对象一定是信息，而信息化未必只能用数字形式。例

---

1 参见张嵘《博物馆管理与数字化建设应用研究》，山东大学出版社2022年版，第136页。

如，将博物馆中一件实体藏品的信息用纸张或感光材料等传统媒介加以转述，也属于将实物所含的信息从原来的载体中分离出来，这也是信息化行为。[1] 当然，信息化还包括数字化带来的变化和结果。

为了顺应信息化和数字化的趋势，巩固博物馆在公共文化教育领域的重要地位，博物馆建设需与数字技术主动融合，实现传统博物馆功能的演化与增强。博物馆数字化的概念可以扩展为将数字技术应用到博物馆收藏、保护、传播、教育等各个环节之中，以数字形式对博物馆资源进行展现、重构、替代和再藏，从而最大限度地延展博物馆的传统功能，拓展传统博物馆的场域范围，使其不再局限于固定的时间或空间内，以实现博物馆的保藏手段、传播范围、研究边界和教育效能的多维拓展。根据《博物馆条例》，博物馆要有固定的馆址、展室、藏品保管场所、相应数量的藏品、必要的研究资料、陈列展览体系、专业技术人员、运行经费和安全设施制度等条件[2]，这是构成博物馆发展的主要生产要素。在当前的数字经济时代，各行业都在利用数字技术对传统产

---

1 参见张嵘《博物馆管理与数字化建设应用研究》，山东大学出版社 2022 年版，第 137 页。

2 参见国家文物局编著《博物馆条例》，中国法制出版社 2015 年版，第 4 页。

业进行改造升级，提高全要素生产率，释放数字技术对经济的放大、叠加、倍增效应。博物馆行业亦需要利用新的数字技术进行全方位、全流程的优化和再造，使数字技术成为博物馆发展的新的关键生产要素，成为助力传统博物馆转型升级的引擎。

在数字时代，博物馆获得了不同于传统实体博物馆的数字存在形式，它大致包括两类：第一类是数字博物馆，第二类是博物馆的数字化。这两者的根本区别在于：数字博物馆完全建立在虚拟的空间中，使用虚拟的藏品，举办虚拟的展览，如故宫博物院的端门数字馆；博物馆的数字化则是建立在实体博物馆及其实物藏品和展览的基础上，虽然有些是虚拟空间，但与实体空间物品等都保持着紧密的内在联系，可以说是实体博物馆在虚拟空间的延伸，或者是借助虚拟技术加强并拓展与现实的联系，在一定程度上再现实体博物馆，提升实体博物馆展出体验。当前博物馆的数字化在构成板块上主要有以下六个方面：藏品数据库系统，讲解、导览及模拟系统，博物馆网站，数字化博物馆，数字化图书馆，办公自动化系统。[1] 它们既是相互独立的个体，又互相作用，实现

---

1 参见王裕昌、廖元琨、赵天英《美国博物馆及其数字化建设的启示》，《中国博物馆》2013 年第 3 期。

馆藏资源数字化、文物管理和信息传播网络化、办公科学化等目标。

博物馆数字化的概念兴起于20世纪90年代，1990年美国国会图书馆率先提出"美国记忆"计划，运用数字技术将馆内手稿、照片、文献等整理成数字化档案。受该项目启发，1992年联合国教科文组织发起了一项名为"世界记忆"的项目，将数字技术运用到全球藏品、文献、标本的保护当中。此后，世界各地的博物馆纷纷采取这种方法以实现对馆内信息的数字化整理。例如，1996年，VSMM国际学术机构与美国加州大学伯克利分校共同开发的"虚拟遗产网络"项目，通过将数字技术与世界文化遗产结合，开启了博物馆运用数字技术记载和整理文化遗产的道路；法国卢浮宫博物馆、英国大英博物馆等一些欧洲著名博物馆也不约而同地开启了博物馆数字化建设。大英博物馆在对档案信息数字化的基础之上，将数字技术与博物馆实景展览相结合，设置了数字展览介绍、数字导览地图、在线咨询等一系列信息化服务，提升了博物馆的服务质量。

21世纪伊始，随着互联网在世界范围内开始普及，一些代表性的博物馆开始了数字博物馆建设的探索。2004年，法国卢浮宫博物馆作为世界上第一个构建网络虚拟平台的博物馆，将其13万幅馆藏绘画和3.5万件馆内公开展示的藏品经数字化处理后放置于其开发的数字博物馆中，开启了博物馆数字化建设的新篇章。此后，数字博物馆成为博物馆空间的重要延伸，其功能和作用被不断凸显。

之后，数字博物馆经历了"单馆模式""多馆模式"等多重变革，如今已经形成能够系统整合多个博物馆资源的"组织模式"。2011年，谷歌开发的"艺术之旅"项目将来自多个国家、数百个著名博物馆的馆藏资源系统整合后形成网络虚拟博物馆，其丰富的资源、个性化的推荐和详细的导览受到众多艺术爱好者的喜爱。

近年来，随着VR、AR等一系列虚拟现实技术的高速发展，以虚拟现实技术为核心的博物馆服务开始出现在大众眼前。运用3D扫描仪、数字相机全景拍摄、Unreal Engine 4搭建软件、抽象级别数字展示系统等技术，能够真实还原某个历史场景，展现藏品的真实运作机制，实现人机交互的沉浸式体验，其沉浸式的参观体验与当代文化消费理念高度匹配，从而带动了博物馆行业进入高速、高质发展的新阶段。

亚洲地区博物馆数字化的尝试源于1995年日本提出的"全球数字化博物馆计划"，该项目旨在构建虚拟的全球博物馆平台，以促进世界博物馆的融合发展。此后，亚洲部分国家如韩国、新加坡等也纷纷开始了博物馆数字化建设。

我国的博物馆数字化进程起始于20世纪80年代末。自

1997 年开始，南京博物院、上海博物馆相继提出了博物馆数字化概念，并开始尝试对馆藏信息进行数字化处理，建立博物馆藏品数据库，开发博物馆网站及程序软件。除了社会博物馆以外，高校博物馆也积极做出数字化的改变，2001 年教育部启动"现代远程教育网上公共资源建设——大学数字博物馆建设工程"，资助 18 家大学博物馆进行数字化改造和管理。[1] 2003 年，国家文物局正式立项中国数字博物馆工程研究。2008 年，故宫博物院与美国 IBM 公司启动的"文化遗产项目"成为我国博物馆数字化建设的重要里程碑，是中国第一次将历史文化景点经由完全数字化处理后展现在互联网平台上的一次重大尝试。该项目运用顶尖的互动体验系统和技术手段，虚拟出宫殿建筑、文物及历史人物，并设置出六条独一无二的游览路线，可将观众会聚到虚拟的"紫禁城"空间当中。该项目对博物馆空间的把控、观众感受的考量、文化特色的展现，影响了我国数字博物馆的后续建设。当前，我国数字博物馆的开发正利用数字技术强大的汇总和测算能力，突破了时间和空间对博物馆参观的限制，最大限度地满足不同观众的信息需求，将中国博物馆事业向更加个性

---

1 参见刘志斌《科技提升博物馆公共文化服务力路径研究》，硕士学位论文，华中师范大学，2017 年。

化、便利化的方向推进。

六、博物馆数字化契合时代发展主题

博物馆数字化通常是指将现代化、信息化数字技术引入博物馆的收藏、管理、研究、展示、教育、传播等各项工作中，借由数字化技术实现转型升级，其目的在于提高博物馆内部业务的工作效能，提升对外公共服务的水平。数字化博物馆并非简单复制实体博物馆，形成机械性的数据化博物馆模型，也非完全超脱于实体博物馆的虚拟化、数字化展示平台，而是一种建筑在传统博物馆之上的理论架构，将现代技术融合于博物馆的外在功能的创新型博物馆形态，其不仅具有传统博物馆的基本功能，而且有着现代化、信息化的形态影响。

此外，博物馆要在网络技术、信息社会、数字革命等新视角下进行独立思考，探索和践行"科技与文化"的更深层次融合。博物馆要在实现社会公共文化服务职能的过程中融入科技元素，通过技术支撑来更好地融入时代主题。文化科技创新是科技创新的重要组成，通信技术、虚拟现实、大数据等高新技术已经广泛渗透文化产品和文化服务创作、传播的各方面，文化与科技融合成为博物馆实现可持续发展的必要途径。文化与科技的深度融合发展，将成为包含博物馆业态在内的文化产业发展的新动力，也将为博物馆业态的发展开辟新的途径和模式。

当前博物馆数字化形式基本可以划分为两大类：第一类是对博物馆实景进行数字化改造，通过构建数字多媒体资源库、数字藏品知识库、多媒体展示和包含 ZigBee、超宽带、蓝牙等无线通信技术的导览系统，运用 360 度全息成像、幻影成像、环幕投影、VR、AR 等数字技术，对博物馆传统功能进行补充和提升，以增强博物馆的产出效能。第二类是构建虚拟的网络博物馆平台，运用数字化手段实现博物馆的各项功能，观众可以完全脱离传统实体博物馆的空间构造，更加自在地按照个人的喜好和目的去"参观"博物馆。

近年来，在数字博物馆的基础上我国又开发出了新型博物馆形态——智慧博物馆，是将数字博物馆、物联网、云计算整合起来，形成更加智能、全面互联的决策系统[1]，其实质是数字化博物馆依托于大数据的进一步尝试，因此又被称为"博物馆 +"。

技术进步所带来的博物馆体验的丰富，在一定程度上提

---

1 参见樊海燕、朱延辉《秦汉唐锦绣宫博物馆展示设计的思考》,《西北大学学报（哲学社会科学版）》2011 年第 1 期。

高了博物馆在大众心中的地位，拉近了博物馆与大众之间的距离。但不可忽略的是，技术便利不仅导致大众文化消费猎奇需求的增长，同时也改变了大众对博物馆等文化消费活动的心理判断。在"感受""体验"等概念被不断强化的今天，社群运营、社区维护、群体沟通成为不可避免的趋势，由此建立起崭新的关系网络，开始引导博物馆对其定位、功能以至社会职能的重新思考。

在运用数字技术努力提升博物馆功能价值的同时，思考博物馆与大众、数字技术与社区的关系，使其从社会心理层面打破博物馆以往的发展局限，实现展示内容形象的崭新建构，成为博物馆学研究的重要议题。构筑以博物馆为中心、以互联网为媒介的新型博物馆社群，提高民众对文化活动的参与性，促进博物馆的民主化发展，艺术消费的社会化普及和提升大众的文化素质水平，是我国未来博物馆建设的重要方向。

七、数字经济下文博业的新气象与新使命

在全球范围内，数字化经济占 GDP 的比重逐年增高。党的十九大报告提出要建设"数字中国"，这不限于新兴产业，更是驱动传统产业升级的国家战略。每一轮技术革命就

像大浪淘沙，一些能够紧紧抓住时代机遇的产业顺势而上，有些则错失良机，消失在历史的洪流中。

近年来，随着科技日新月异、计算机与网络的高速发展、数字化进程提速，博物馆也迎来新的发展机遇。2018年，中共中央办公厅、国务院办公厅印发《关于实施革命文物保护利用工程（2018—2022年）的意见》等支持博物馆数字化建设的相关文件，旨在推进博物馆的数字化建设进程。2019年，国家出台新版《博物馆定级评估标准》以降低对博物馆的"硬件"要求，同时提高了智慧保护、智慧管理、智慧服务等"软件"要求，并将"信息化"建设纳入评估范围，主要包括信息化基础设施（包括网络接入、网络安全、终端和配套设备等）和智慧业务系统（智慧保护、智慧管理、智慧服务）两方面。由此以来，博物馆藏品的数字化建设得到了国家政策和资金的大力支持，将朝着更加专业化的方向不断发展和优化。2020年，国家发展和改革委员会、文化和旅游部等发布了关于"促进线上消费、推动线上服务"的新政策，为博物馆藏品的数字化建设提供了政策性保障。2021年10月，国务院办公厅印发《"十四五"文物保护和科技创新规划》，要求坚持科技创新引领，全面深化文物领域各项改革，激发博物馆创新活力。2022年11月1日，工信部网站发布了由工业和信息化部、教育部、文化和旅游部、国家广播电视总局、国家体育总局联合编制的《虚拟现实与行业应用融合发展行动计划（2022—2026年）》，其中提到虚拟现实助力文化旅游，推动文化展馆、旅游场所、特色街区开发虚拟现实数字化体验产品，让优秀文化和旅游资源借助虚拟现实技术"活起来"。开展行前预览、虚实融合导航、导游、艺术展览、文物修复等虚拟现实创新应用，鼓励在一二级博物馆和符合条件的文旅场所安装沉浸式体验设备。这一系列的政策指引博物馆迈入新时代的高速发展期，开启了数字化之路的新征程。

文博业要在数字经济时代开创新局面，呈现新气象，发挥新效能，满足新时代人民的精神文化诉求，就要紧紧抓住时代特征，利用数字化转型作为其履行新使命的引擎，加强其藏品、展品的价值阐释，提升文物保管保护和观众服务水平，提高创新研究成果的转化能力，增强讲好中国故事的传播能力和传播效果。2022年国际博物馆日的主题是"博物馆的力量"，国际博物馆协会指出，21世纪的博物馆具有巨大的潜力和影响力。从可持续发展的力量、数字化与可及性创新的力量、通过教育进行社区建设的力量三个视角，可以让世界更美好。数字化和科技型创新是博物馆变革的重要力量，博物馆已成为促进新技术发展并将其应用于日常生活的创新游乐场；数字创新可以使博物馆更容易访问和参与，帮助观众理解复杂和微妙的概念。[1]博物馆的数字化转型已经成为业界的共识。

一些博物馆已经启动了数字化转型工作，有的博物馆已经通过数字化转型使效能得到明显提升，但是从总体来看，各博物馆在数字化转型方面发展极不均衡：有的大型博物馆、专业型博物馆在博物馆数字化转型方面积极探索，取得了一定成绩，但大部分博物馆因为缺少对博物馆数字化建设的全面、深刻理解，缺乏整体战略意识和布局，管理层缺乏共识，还存在"头痛医头，脚痛医脚"的片面性和局限性，没有进行全面系统性部署，有的甚至对新事物存在畏惧心理，创新力不足，往往浅尝辄止等，这些都严重影响了博物馆效能的提升，导致博物馆动能不足，旧疾难以根治，与当今时代对博物馆职能和使命的新要求不符。博物馆数字化转型是一个长期的系统工程，面临着打破博物馆管理与运营之间的观念冲突，驾驭、整合和升级新技术，改革博物馆组织结构和培养综合创新人才等诸多挑战。博物馆数字化转型之路将是一个破茧重生之路。

---

1 参见国际博物馆协会官网（https://icom.museum/en/）。

第二章 ○

数字博物馆的相关理论

博物馆学被看作一门独立而清晰的现代学科，寻找它的理论基础显得非常重要。其中，新博物馆学作为 20 世纪下半叶之后对博物馆行业产生广泛影响的理论时常被提及，而新博物馆学的理论与数字博物馆的诞生和发展密不可分，可以说，数字博物馆是在"新博物馆学"理论基础上与现代科技相结合，从而践行"新博物馆学理念与使命"的一种博物馆新型呈现形式。

1972 年，强调把博物馆的职责与社会居民的需求相结合的新博物馆学出现，它表现为：以人为本、强调博物馆的教育功能、关注人与环境的可持续发展、突出博物馆主题、使用高科技传播手段、博物馆由精英化向平民化转化。在认同理论、符号学理论、情境学习理论、光晕理论、美学理论等理论的支撑下展开了新博物馆学的相关研究。

一、新博物馆学的兴起与影响

传统的博物馆学过于注重博物馆研究的方法，寄希望于物质层面的改观进而促使博物馆领域的完善化和多功能化，其研究重心是在对博物馆藏品的研究延伸的基础上构建起来的，是一种"以物为本"的研究思维。

自 20 世纪 70 年代起，世界范围内生态环境的持续恶化、此起彼伏的局部战争、社会贫富差距的不断加大，推动了人们对于自我、人与社会、人与自然关系的思考。在这种情况下，对人类的精神和审美诉求有着教化功能的博物馆成为人们思考的重要工具，大众寄希望于博物馆承担起教育人类保护环境的职能，同时人们在小范围内关注自己的居住环境和居住社区，关注当下和未来，使其成为为社区和社会提供服务的社会机构。[1] 博物馆对于社会发展究竟有什么功能？博物馆场域存在的根本目的是什么？对这些问题的思考成为新博物馆学诞生的重要催化剂，也是新博物馆学研究的主要命题。

---

1 参见甄朔南《什么是新博物馆学》，《中国博物馆》2001 年第 1 期。

（一）新博物馆学的兴起

新博物馆学更加侧重对博物馆目的和功能的理论探讨，其对于博物馆实际运作机制的理论研究也同之前的博物馆学有所不同，新博物馆学的研究目的是重新界定博物馆的社会角色，以使其避免成为被人敬而远之的"活化石"。新博物馆学的功能倡导也逐渐从传统的典藏、保护转而朝着关怀社群和社区需求的指导原则迈进。新博物馆学逐渐演变为一门强调"以人为本"的新型人文主义概念的现代主义学科。

1972年，国际博物馆协会在智利圣地亚哥举办的圆桌会议是新博物馆学研究的重要开端，会上强调要把博物馆的目的与社会居民的需求相结合，使其成为为社会、社区发展提供服务的机构。这一会议扩大了博物馆的内涵范围，强调了博物馆的社会属性，也被称为博物馆历史上的第二次革命。从那时起，出现了"生态博物馆学""活力博物馆学"和"社区博物馆学"等概念。

1984年，国际博物馆协会发布了《魁北克宣言》，其中明确新博物馆学研究的基本原则是：在逐渐一体化的当今世界，为了协调博物馆目标与人类所在的自然环境，博物馆学必须采取重大措施以扩大博物馆的功能及属性范畴。[1]1985
年，作为国际博物馆协会附属机构之一的"国际新博物馆学
运动"在葡萄牙里斯本成立。至此，第二次博物馆革命、生
态博物馆、社区博物馆等实践为新博物馆学的建立提供了前
期基础。

（二）新博物馆学的基本特征

从国外新出版的博物馆学著作看，新博物馆学主要表现
出以下六大特征。

第一，强调"以人为本"，这是博物馆学向新博物馆学
变化的重要内容之一。在尊重博物馆物质属性的基础上，新
博物馆学的研究宗旨从"藏品中心"转向"公众中心"，博
物馆的功能研究从把物作为研究和应用的对象，转向以人、
人与环境、人与个体的关系作为研究主导方向。

第二，强调博物馆的教育功能，并将其作为博物馆发展
的核心。新博物馆学聚焦为公众提供知识、培养知识运用
及转化的能力、提高创新意识等方面，突出博物馆的教育
属性。

---

1 参见杨敬芝《新博物馆学的兴起与产业化发展》，《中国民族博览》2016
年第 11 期。

第三，关注人与环境的可持续发展。新博物馆学注重博物馆生态功能的展现，保护历史的存续和记录，提倡人与生态社会的可持续发展和共存。

第四，强调在围绕博物馆功能前提下，突出主题。展陈主题的确定要以国家、地方发展为需要，以观众学习为需求，兼顾社会效益与经济效益；设置可以与观众产生互动的展陈或项目，在突出展览主题的基础上，关注展览与观众之间的联结。

第五，尽可能使用高科技的传播手段。在展陈布置、教育活动等方面，尝试应用新技术，通过新媒体技术和虚拟博物馆等新媒介建立数字博物馆，合理且恰当地将博物馆与新技术联系起来。

第六，博物馆的职能角色由精英化转向平民化，尤其是聚焦人、人的生产关系等方面。博物馆与其他领域融合后，以更加平易近人的形式走进大众生活，以包容的态度与多种不同资源互动，塑造博物馆黏性，强化博物馆与社会互动的热度和深度。[1]

---

1 参见毛剑勇《互联网思维下的博物馆与社会互动》，载中国博物馆协会博物馆学专业委员会编《中国博物馆协会博物馆学专业委员会 2015 年"致力于社会可持续发展的博物馆"学术研讨会论文集》，中国书店 2016 年版，第 9 页。

（三）新博物馆学对博物馆发展的影响

新博物馆学的研究理论的最大贡献在于其促进了博物馆职能的转变。如今，各个博物馆都在利用各种现代技术和展览创意使观众获得参与感和心灵上的满足感。此外，传统博物馆认为其服务的对象为精英阶层，而新博物馆学彻底否定了这种理论，新博物馆学理论认为博物馆只有获得普罗大众的认可，才算实现博物馆的职能价值。此外，有悖于传统博物馆必须进行"文物征集、文物整理"的基本认知，现代博物馆更加追求对文物资源的原生态开发。社区博物馆、邻里博物馆的概念就是在对新博物馆理论的整理认可之上而建立起来的。[1]

"新博物馆学"并非要以全新的博物馆来取代传统博物馆，而是要帮助传统博物馆在新的社会环境中拓展新领域，20 世纪末兴起的数字博物馆，正是受到了"新博物馆学"思潮的影响。

博物馆数字化的诞生带来了博物馆在时间、空间上的延伸。新博物馆交互方式的产生，并不是对现代科技的完全照搬，而是利用现代技术厘清博物馆与大众的关系，重塑博物

---

[1] 参见杜传省《新博物馆理论与现代博物馆社会职能的转变》，《赤峰学院学报（汉文哲学社会科学版）》2014 年第 11 期。

馆的发展架构，以顺应现代社会的发展趋势。[1]在这个情境中，博物馆的展示立场和观众的"观看"体验共存，展馆是"现代博物馆效应"发生的重要场所。[2]

综上所述，新博物馆学的兴起，是呼唤博物馆的产业化发展，是对审美情趣与消费意识的引导的重要开端，是实现博物馆自身信息及意义建构的重要里程碑，同时也奠定了数字博物馆的理论基础，并指引其发展方向。

二、新博物馆学的理论基础

（一）人本主义的相关理论研究

人本主义的思想是近代新博物馆学的主体思想和研究宗旨，对于文化的精神探讨，以及社区构成的思维倾向，使得探究人本主义的现代理论研究成为必要的法则之一。为了符

1 参见乐俏俏《新博物馆学教育理论指导下的新型博物馆教育活动践行初探》，载中国博物馆协会博物馆学专业委员会编《中国博物馆协会博物馆学专业委员会 2015 年"致力于社会可持续发展的博物馆"学术研讨会论文集》，中国书店 2016 年版，第 9 页。

2 参见许潇笑《让文物"活起来"：策展再塑博物馆的社会表达方式》，《东南文化》2020 年第 3 期。

合博物馆的研究形象，笔者将借用伯克认同理论、符号学、情境学习理论，来阐述博物馆学中人与人之间的关系在博物馆研究中的核心作用。

1. 伯克"认同"理论

20 世纪新修辞学理论的开拓者肯尼斯·伯克提出了以"戏剧主义""五位一体""人是修辞动物""认同""象征行为"等为核心概念的新修辞学，其中，"认同"理论是最被广泛认可的概念，也是新博物馆理论研究的基础之一。认同理论指，当劝说方与另一方在某些观点上达成一致，意即取得对方的认同时，劝说方才可能使其他观点被对方接受。认同理论的实施策略主要分为内容认同与形式认同两种。

其中，内容认同策略分为同情认同、对立认同、模糊认同。同情认同指的是讲述者通过与受众在情感、态度、价值观等方面达成一致，从而获得受众的认同，这种方式往往需要讲述者和受众采用同一种话语体系来拉近二者之间的距离，从而达成认同。对立认同是建立在讲述者与受众拥有共同敌人或面临共同问题的基础之上所获得的认同。实施"模糊认同"的方式是采用一些较为模糊的字眼，如"咱们""大家"等集体词汇，从而使受众获得一定的归属感，从而自发地因主观情感上感觉到被纳入，从而对该集体产生的认同。对于"内容策略"而言，尽管不同形式下获取受众认同的方式有所不同，但共同的情感是实施这一策略的基础前提。

形式认同策略主要包含四种形式，分别是规约形式、递进形式、重复形式及辞格共鸣。规约形式表现为受众对于文本的常规期待与文本内容吻合从而产生的认同。递进形式是讲述者采用引导的方式促使受众潜移默化地接纳文本在某一时间的发展脉络，从而使受众对文本不自觉地产生情感认同。重复形式表现为不断重复文本以强化受众的心理认知进而产生对文本的认同。辞格共鸣，则主要运用纯形式的方式即修辞方式来加深受众对于文本的认同。

在实际的运用过程中，"内容认同"和"形式认同"的实施策略是交叉使用的，原因在于内容和形式并非独立存在，而是处在一种相互作用的关系之中，内容与形式的结合研究构成了伯克的核心概念——"认同"理论。[1]

对认同理论的研究有助于理解大众与博物馆之间的沟通方式以及沟通准则，同时为博物馆数字化展陈的内容设计与技术手段提供了有效的理论依据，通过"内容认同"与"形式认同"的相互作用，实现参观者在观展过程中对策展主

---

1 参见孙盛《〈墨子〉认同策略使用与效果探析——基于伯克"认同"理论》，《海外英语》2021年第3期。

题、艺术价值、文化内涵等教育信息的有效认同。当内容与科技手段不能恰当匹配时，有可能会带来观展的认同缺失或认知偏离。此外，通过达成对立认同，能够解决由于地区差异所引起的博物馆与当地环境的文化冲突，对同情认同实施策略的运用，可以保证博物馆与观众处于同一话语体系，避免传播的乏力和失语，基于人的认知有限性前提提出的模糊认同策略，可以减轻博物馆文化的传播压力，拉近博物馆与受众的心理距离，提高民众对于博物馆的接纳性和包容性。[1]

2. "符号学"相关理论

现代意义上的大众博物馆所提供的文化内容其实是由具有文化价值和娱乐价值的符号系统组成的，对博物馆符号内容的欣赏与解读成为大众进入博物馆的常规模式。对于符号学理论的研究有助于探索博物馆场域的聚合和建构，其对符号传播的整合方式也对博物馆向外传播、与社会群体建立稳定关系有一定的帮助。

弗莱姆在《符号的战争：广告、娱乐与媒介的全球态势》中首次提出了"符号的战争"这一概念，形象地点出了

---

[1] 参见裴永杰《"一带一路"战略下中国体育文化国际传播研究——以伯克认同理论为视角》，《广州体育学院学报》2020 年第 2 期。

文化内容的符号本质。他指出，文化创意领域的"符号战争"正在不断上演。语言学家索绪尔从语言学角度出发来构造符号系统。他指出一切符号学问题都是围绕"能指"和"所指"展开的。能指是指符号的表现形式，可以是消费者的心理印记或者符号实体，所指是抽象的心理概念，也就是符号内在的价值体现，一切符号学的问题都围绕这两个侧面展开。[1] 所指传递的价值观念，即为符号所蕴含的文化，"文化符号"以各种各样的形式来体现该文化的人文艺术、社会历史、精神诉求。符号具有共享性和共同性，符号的运用可以使个体产生超越其本身的象征意义，使其从单一的符号内容转化为具有广泛影响力的普遍认知。

　　符号学中的另一个重要问题是符号意义如何产生和传递，这一问题通过符号进行横组合与纵聚合来实现，从而传递所要表达的文本内涵。符号的横组合关系是指符号所直接呈现的意义，它是显性的、现成的，无须接收者过多加工的符号内容，较易被大众理解和接受，通常传递的是共同的价值观念和思想内涵。而纵聚合关系是经过人们联想所产生

---

1 参见袁海骄《基于符号学的博物馆文化衍生品的开发策略》，《美与时代（城市版）》2017 年第 10 期。

的，它是潜藏的、隐性的、具有特殊群体特征的符号内容。[1]

对于现代博物馆来说，其珍贵藏品本身具有"文化符号"属性，但如何将年代久远的文物中的"文化符号"信息进行有效解读与传递，如何利用新型技术与数字化方式填补文物残缺所带来的信息缺失，如何借助合适的载体将文物的符号信息转换为受众的知识信息，从而实现博物馆的公众教育功能，在新博物馆学的思潮下显得尤为重要。20 世纪 90年代，数字化博物馆的开启为此过程提供了更加多元、快捷、便利的方式。随着科技高速发展，目前大部分博物馆已经能够借助语音设备、多媒体展示、游戏设备、网络媒介等多种数字化手段，成功创造出真实文物的虚拟形象，或用动画影像补充文物符号信息，或通过虚拟现实技术创造出包含文物所处年代的人文场景，使参观者在获得更加完整知识信息的同时体验更多交互乐趣与接纳更广泛的信息维度。

因此，从符号学的视角探讨馆藏文物内容信息的设计，既可以实现一种以受众为中心的信息社会化的过程，也能够成为有目的的意识形态化传播的重要途径。[2]

---

1 参见张明《基于符号学理论的公共艺术设计分析》，《美与时代（城市版）》2021 年第 2 期。

2 参见都江《基于交互关系的馆藏文物信息传播研究》，博士学位论文，武汉理工大学，2016 年。

3. 琼·莱夫和艾蒂纳·温格"情境学习"理论

琼·莱夫和独立研究者艾蒂纳·温格在《情境学习：合法的边缘性参与》一书中首次提出情境学习理论，即良好的情境必然有利于个体的认知与学习。[1] 与传统知识观相比，情境学习理论强调知识是一种特定的互动状态，在知识的传递过程中，情境与知识相互作用，共同组成知识传递过程的有机部分。情境学习理论包含三层基本含义：第一，目前存于世上的大多数知识和技能的学习并不单单依靠教育者的口述和记录，而需要受教育者真实存在于该情境来学习；第二，社会环境为受教育者提供了广阔的学习知识的互动场域，是重要的学习源泉；第三，在实际操作和行动情境中学习所获得的知识的容量和意义是不容低估的。[2]

从分类上看，情境学习理论包括认知学徒制、抛锚式情境教学、学习实践共同体三种形式，其中实践共同体形式是情境学习理论的主导形式。认知学徒制是一种将学习场域概念化，并对实习场地进行设计的方法，通过互换教育者和学生的角色，使得学生在学习过程中不自觉地习得知识的方

---

1 参见刘晓年《情境学习理论应用探讨》，《青海师范大学学报（哲学社会科学版）》2008 年第 3 期。

2 参见陈旭《基于情境学习理论的博物馆儿童教育应用设计研究》，《工业设计》2020 年第 1 期。

法。抛锚式情境教学，是将学生置于宏观环境中，持续引导学生对周边环境不断产生疑问、提出问题、解决问题，让学生学会运用知识的能力，避免填鸭式僵硬的教学模式，培养学生学习的坚持性。学习实践共同体概念强调个体与共同体的联系，是对共同体使个性行为实践合理化的回应，该理论强调群体意识的重要性，强调群体中个体具有相同的集体目标和理想，并且不会因空间的转移而受到影响。在这个过程中，学习最重要的内容是如何学会同一种语言、使用同一种符号在群体内部沟通，以至理解群体的共同目标，这种学习方式有益于知识的情境化传播，也能够增强个体对于群体目标的认同。[1]

情境学习实质上是一个文化适应与获得特定的实践共同体成员身份的过程。这一理论契合博物馆寻求建立社群，维护社群关系的目的。情境学习理论的应用能够帮助大众获得博物馆社群的群体身份，加强与观众群体的互动往来，建成博物馆与观众互动场域的实践共同体。具体方式可表现为：提供真实的情境和活动来推动博物馆藏品知识的有效传播；丰富观众在博物馆场域的角色，使观众通过学习来获取博物

---

1 参见殷玉新《情景学习理论及新进展研究——基于莱夫和温格的思想探索》，《成人教育》2014 年第 10 期。

馆知识；构建学习和实践共同体，建构以博物馆为核心的完整社群。同时对需要帮助的观众及时提供帮助，以帮助其更好地吸收相关知识，并给予相应评价，促进其更好地成长。

（二）美学理论与博物馆研究

1. 本雅明"光晕"理论

"光晕"一词源自拉丁文"aura"，可译作"灵晕、光晕、灵韵、光韵"等，作为专业术语意指"人周围的光环"，后来成为专业术语用以解释"影像周边的微弱光亮"。《二十世纪西方文论》中指出，光晕意味着艺术作品在时间和空间上是独一无二的，它总是象征着"原作"的在场。光晕使艺术作品区别于复制品和批量产品，从而保持着一定的权威性和神圣性。原作因与光晕相关联，才会赋予艺术作品收藏价值，从而使艺术作品具有不可复制性。

本雅明将光晕定义为一种超出自身的东西，是艺术作品的构成要素之一，具有情绪与气氛的含义。神秘性、模糊性、本真性、不可接近性是光晕理论的四个特性，其中神秘性与原始时代相关；模糊性，即具有只可意会不可言传的复杂性；本真性，揭示了艺术作品的问世是即时、即地的；最后，光晕有着不可接近性和膜拜性。[1] 在艺术作品的光晕方面，本雅明从两个方面做了规定：第一，艺术创作的氛围将会在艺术作品的可复制时代枯竭；第二，"光晕"是在一定距离外的显现，且是独一无二的。因此，光晕被定义为不可替代的传统艺术作品的高贵特性范畴，后来用于借指传统艺术的"光晕艺术"概念也由此而来。[2]

本雅明认为观察者和艺术品之间的关系，是平等的彼此亲近的关系，类似表演者和观众，区别于复制艺术与传统艺术。光晕意味着我们赋予艺术品回眸我们的能力，就像观察者的目光落在自然客体上。此外，光晕与震惊（shock）体验相对应。光晕是围绕着感知对象的完整历史经验的自由联想，主体与客体、历史与当下浑然一体；震惊则是对瞬间事件的自觉关注，往往因外部刺激而被唤起，是一种破碎的、零散的、创伤性的体验。[3]

现代学术界通常将光晕理解为由于存在距离感而产生美

---

1 参见张丽《本雅明"光晕"的特征及其美学内涵》,《安徽文学（下半月）》2009 年第 4 期。

2 参见张静瑶《本雅明"光晕"（aura）范畴的翻译与释读》,《河南教育学院学报（哲学社会科学版）》2015 年第 5 期。

3 参见元君玲《对本雅明"光晕"理论的思考》，硕士学位论文，南昌大学，2007 年。

感的"距离论"。例如，光晕是以人和物的关系代替人和人的关系而产生的膜拜价值，应该从四个方面来理解：距离感、拜物教、时空感、历史性。第一，距离感和无法接近感是被崇拜对象的共同特征；第二，光晕本质上是一种拜物教，主张以人和物（艺术品）的关系替代人和人的关系；第三，从感知和审美体验的角度来看，光晕表现为一种时空上的距离感，通过对艺术品的凝视观照、全神贯注、沉思感受而展现；第四，光晕具有明显的历史性特征，从古典时期的宗教偶像崇拜到文艺复兴时期的世俗审美崇拜，都根植于对神学礼仪的敬畏所产生的距离。

2. 约翰·杜威的实用主义美学理论

杜威的实用主义美学理论认为艺术的实用性，即其工具价值在于全面改善和促进人类的生存状况，而不是服务于特定目的。在 19 世纪之前，美国的博物馆主要是资本家富豪和社会上层才能享受的资源，杜威批判美国博物馆的狭隘性，深刻认识到博物馆的教育意义，他通过公开宣扬自己的艺术观与教育观，希望让更多人明白艺术教育的重要性，将艺术教育与博物馆教育相结合。这些开创性理论，为 20 世纪中期博物馆教育的发展奠定了实践基础和理论基础。

杜威认为，严格地界定和维护艺术作品的目的在于建构审美经验；他认为审美经验是所有经验的可能的状态，是一个内在整合的、完满的状态。一个社会花费巨资建立博物馆、购买和维护艺术品的目的是给人们提供构建审美经验的可能。杜威认为，几乎没有人会为了追求真理而走进博物馆和画廊。

杜威美学的第一个特征是审美非功利性。他强调审美是主体对审美客体的纯粹关注，审美主体在审美活动中有着一种快感，而审美主体对于审美对象是不关心的。

杜威美学的第二个特征在于艺术的工具价值，艺术服务于具有活力的完整生命体。一方面，杜威认同艺术的工具价值；另一方面，杜威认为人为地制造工具价值和内在价值之间的对立是不恰当的。杜威强调艺术具有伟大而全面的工具价值，只有满足人应对环境的机体需要，或是增进机体的生命和发展，此种事物才具有人类价值。因此，杜威认为博物馆"将成为艺术、科学和工业综合起来的生动的和延续的课业"[1]，认为应该重新审视博物馆的地位，为博物馆的收藏提供统一思维，综合科学的、工业的、艺术的、历史的范例，从而使博物馆起到教育的中心作用。

杜威美学的第三个特征表现为经验高于真理。杜威美学

---

1 黄俊：《杜威美育实践及其对当代中国美育的启示》，硕士学位论文，西南大学，2018 年。

指出，无论如何定义艺术，都必须获得更丰富、更令人满意的体验，关于经验，杜威认为它是一个连续、动态的整体，包含人与环境、行动与认知的交互统一，是一个循环往复的过程：经验—行动—思维—认知—行动—经验，即每一次交互都会影响之后的交互过程，而发生在博物馆中的教育正是建立在经验基础之上的，是参观者与展陈环境不停交互产生的。[1]

杜威美学的第四个特征表现为连续性原则与反精英主义。连续性原则一方面是指生物体不间断地连续运作，另一方面是指有机活动中生长出来的理性运作。杜威哲学旨在恢复经验与生命体和自然之间的连续性，恢复审美经验与生活的正常过程中的连续性。比如博物馆生活中常见的展品会唤醒参观者的已有经验，使他们能将家庭的生活经历与艺术展品建立联系，将参观前的经验、参观过程中形成的新经验，以及将要形成的经验联结起来，形成统一的整体，这正反映着杜威强调的"连续性"。杜威的连续性美学坚决反对传统二分观念长期假定的对立差异，这些差异包括美的艺术对应用或实践的艺术、先进的艺术对流行的艺术、时间的艺术对

---

1 参见郑旭东、李洁《经验、教育与博物馆：走近杜威的博物馆教育思想》，《现代远程教育研究》2019 年第 1 期。

空间的艺术、审美的艺术对认知和实践的艺术、艺术家对组成其受众的"普通人"。

三、新博物馆学思潮下"数字博物馆"的发展

新博物馆学修正传统博物馆奉行的"典藏—研究—展示—教育"功能,将博物馆工作归纳为"收藏—保管—跨学科研究—展示—观众参与的教育活动"。20世纪90年代兴起并迅速发展的数字博物馆,正是受到"新博物馆学"思潮的影响。

(一)超越藏品本身的数字化信息与意义建构

博物馆的使命之一在于挖掘藏品、整理藏品、保护藏品,同时让藏品最大限度地服务于公众,而目前博物馆数字化的部分工作即为实物藏品数字化建设,以及数字化信息的应用。通过数字化手段更好地展现藏品本身体现的时代风貌和地域风俗,使得观众可以通过现场观赏、网络观看等方式得到审美享受。

采用数字化技术可以实现文物从物质资源向数字资源的转化,从而使文物资源得以永久保存。通过数字化手段充分利用文物资源,使文物"活"起来,增加观众鉴赏和学习的

互动性，从而充分发挥出文物资源在研究、教育、欣赏等方面的价值。通过智慧化平台连接文物、数字化档案，以及管理者和公众，可以提高博物馆的管理效率，使博物馆的业务流程更流畅，部门之间的协作也更方便。同时，数字化技术、多媒体技术、3D技术、网络技术等现代科技的发展，为文物领域的数字化建设提供了强有力的专业技术支持。

（二）由"物"转向"人"以满足社会需求

新博物馆学的研究宗旨从"藏品中心"转向"公众中心"，在该理念的指导下，数字博物馆的关注点也应该像传统博物馆一样，由"物"转向"人"。由于技术革新与互联网高速发展，相较于传统博物馆，数字博物馆以"人"为中心来满足社会需求更容易实现，了解公众兴趣与期待、传播馆藏及展览等文化信息的途径方式也更加便捷有效，如在线问卷、互动游戏，在借助数字化技术、多媒体技术、与其他领域融合方面，也更加以包容的态度与多种资源互动，塑造博物馆黏性，提升博物馆与社会互动的热度和深度。

首先，理解博物馆的观众是重视公众、转向"以人为本"的前提，通过建立观众群，深度了解观众需求，同时结合藏品背后的社会文化信息与故事，制定相应的营销策略与销售方案，借助网络进行有效推广与传播，如新媒体平台、新潮互动形式、流行话语与话题创作等。其次，博物馆教育项目和公共研究可以采取观众合作模式。"新博物馆学"的重要内容在于打破传统的视博物馆为神圣殿堂的狭隘观念，积极鼓励普通民众通过各种方式参与到学习教育与文物欣赏中，如利用网络优势，将博物馆丰富的典藏和研究成果的数字化信息呈现出来，开展云展览、云教学、制作NFT数字藏品等，提供在线互动教育与亲民的文创商品。此外，随着公共意识和社会旨趣的启发，博物馆可以增加互动机会，借助数字化技术，提高博物馆的舒适度与趣味性，为观众提供全新体验，鼓励观众主动投身到学习中，如使用VR、AR技术创造虚实结合、身临其境的观展体验等。

"新博物馆学"理念下的数字博物馆已不满足于为观众提供孤立的展览或教育活动，而是构建由舒适的环境、互动的展览和观众参与的活动等共同组成的以"人"为中心的多元"博物馆体验"[1]，以满足博物馆服务社会大众的功能需求。

（三）开拓机构组织结构与学科整合的合作方式

《作为社会工具的博物馆》早在1942年就指出，博物馆

---

1 尹彤云：《"新博物馆学"语境中的数字博物馆》，《中国博物馆》2005年第4期。

的部门结构应具备自我调整的意识。展览制作的团队取向于
20世纪90年代基本成型，行政人员、研究人员、设计人员、
教育人员等专家组成团队，共同组织展览，博物馆各部门基
于共同的目标和使命，应增加沟通、交流与相互合作，尤其
是在数字化博物馆的日常工作中，更应结合实际需求拓展出
新型方式。

在"新博物馆学"理念影响下，越来越多的博物馆开始
协调组织内部资源加强合作，引入评估机制，对博物馆的展
览和教育活动的策划、实施和效果分别进行"前置评估""形
成评估"和"总结评估"。但是，这些评估由于博物馆组织
结构复杂、工作人员时间有限、人数不足，博物馆观众数量
或代表性的欠缺而很难取得客观的效果。但随着数字博物馆
的发展，实体博物馆可将评估的问卷呈现在"虚拟博物馆"
中，充分发挥网络优势，实现传统博物馆中较难完成的工
作[1]，使机构组织功能突破重重隔阂，从整体观和有机论视角
协调博物馆资源。

此外，在数字博物馆的虚拟空间中，如何在有生命的浏
览者与无生命的藏品之间建构起有效的交流，也是考验博物

---

1 参见尹彤云《"新博物馆学"语境中的数字博物馆》，《中国博物馆》2005
　年第4期。

馆机构成员跨学科思维范式的关键。博物馆作为研究与教育机构，基本上以考古学、动物学、植物学、地质学、艺术史等学科为主，但随着社会旨趣提升，博物馆理论和实务工作的主要任务日渐转向学科交流和架构整合，即以"博物馆学"来整合各学科地位，处理博物馆实务。如在以"人"为中心的前提下，组织中的成员应在内容设计、技术选择和导览安排等方面制订出合理计划，拓展出新型合作方式。

　　传统博物馆范式基于藏品进行研究，与社会联系较少，机构自给自足，这在过去是合理的，但在当代引发了普遍的不满。为了应对时代变迁，传统博物馆必须进行自我重置。自我重置并非意味着改造博物馆，而是应在新博物馆学的理念下，注重提升当代博物馆的社会价值与内涵，从超越藏品本身的数字化信息与意义建构入手，由"物"转向"人"，探索出满足社会需求、开拓机构组织结构和学科整合的新型合作方式。

第三章 ○

博物馆的数字化典藏
与学术研究

博物馆的一大重要职责是对馆内收藏的历史文物进行全方位的保护，以使观众和学者能够对文物进行更好的观赏和研究。"典藏"的本义是将珍贵的典籍、典章收藏起来，后来扩展到收藏有价值的文献和实物。在汉语中，"典"不仅指典籍文献，而且具有"规范、法规"的含义。因此，"典藏"不仅仅是一个简单的存储过程，更是一个对重要文献和实物进行规范化、制度化存储的过程。具体而言，在博物馆研究领域，典藏是指博物馆对文物进行规范化、专业化的收藏、利用和管理的过程。

　　与此同时，学术研究的不断进步也有赖于对珍贵文物的典藏、保护与现代化科学管理，因此博物馆数字化典藏与信息化进程也有利于进一步开展学术研究，对于博物馆学科领域以至考古学、人文学等跨学科领域均有重要意义。

一、博物馆文物数字化保护的必然性

（一）藏品安全所面临的困境

博物馆是以藏品为核心的职能单位，博物馆的其他功能都是建立在藏品尤其是实物藏品基础上的衍生和升级，因此，博物馆建设的首要目的是如何让藏品得到妥善的保存。随着博物馆藏品范围的不断扩大，可纳入收藏、管理的种类不断增多，然而受材质、生产年代、使用流通情况等条件限制，大部分现代博物馆藏品，特别是文物，自进馆之时起就有着不同程度的损坏，如博物馆保护不力，则出现损坏加剧的恶劣情况。此外，传统模式下藏品的展览和研究会不同程度地造成损耗，不利于珍贵历史文物的保护和收藏。

有学者认为中国的文物修复行业正式起源于宋代的古物收藏热潮，距今已有千年的历史。新中国成立后，相关文博机构重视文物保护工作，引入了许多老手工艺人参与文物的保护与修复。文物修复工作始终是中国博物馆发展的技术性难题，迄今为止，仍有许多博物馆的文物修复工作有赖于经验丰富的民间手艺人。因此，发展科学严谨的文物保护理念及技术对当前博物馆馆藏文物管理而言尤为必要。

（二）藏品数字化的政策环境

藏品的数字化管理的出现是在数字博物馆建设方向之下产生的，国家政策的支持对藏品数字化管理有着重要的推动作用。从 20 世纪 80 年代开始，国内一些大型博物馆陆续开始数字博物馆的建设工作，例如，上海博物馆于 1984 年率先开展计算机编目工作，次年又有 7 家博物馆开展了类似工作。1986 年，文化部颁布的《博物馆藏品管理办法》提出："为加强博物馆的现代化建设，各地博物馆可根据本馆经济及人才条件，逐步使用电子计算机管理藏品。"2000 年以后，数字博物馆建设呈现井喷式发展，藏品数字化管理成为博物馆数字化建设的常态。

博物馆数字化建设与细分的藏品数字化管理的发展离不开国家政策支持。《博物馆事业中长期发展规划纲要（2011—2020 年）》指出，"加强博物馆网络资源体系建设，搭建博物馆管理公共服务平台，推进数字化博物馆建设，不断提高博物馆管理现代化水平"，对博物馆的数字化建设提出了要求，促使博物馆创新管理方式和方法。数字化典藏工作还被应用到非物质文化遗产领域。2005 年，国务院下发的国务院《关于加强文化遗产保护的通知》指出："要运用文字、录音、录像、数字化多媒体等各种方式，对非物质文化遗产进行真实、系统和全面的记录，建立档案和数据库。"2018 年，国家文物局颁发的《国家文物局办公室关于加强可移动文物预防性保护和数字化保护利用工作的通知》中也明确了文物保护管理要与时俱进，运用现代信息技术，增强文物保护信息的完整性，并展开了文博领域的相关技术培训工作，以提高文博人员技能，为博物馆数字化建设提供原动力。

（三）藏品数字化管理实践

博物馆对藏品实施数字化管理，就是利用计算机多媒体、数据库、数据压缩等技术手段，将实物藏品信息由传统信息记录介质的纸质表单等形式转化为电子数据库记录形式，使保管员能够借助高效快捷的机读管理系统开展登记编目、出入库管理、排架清点、查询服务、盘核统计、打印表单等一系列业务工作，从而大幅度提高藏品保管的工作质量和效率。[1]

---

1 参见陈红京《博物馆藏品数字化管理十讲》，上海交通大学出版社 2019 年版，第 7 页。

数字化时代的发展催生出博物馆领域藏品数字化的管理实践，突破了传统模式下藏品收藏与修复的局限性。

首先，文物数字信息的采集可以完整记录藏品的基本信息和附加信息。将藏品信息转变为可以用计算机存储和处理的数字化信息是藏品数字化管理的基础，通过记录存储藏品的名称、年代、尺寸、质地、来源、编号和图像信息等基本信息，以及收录参展情况、修复历史等附加信息，促进藏品数字化信息的完善，能够帮助博物馆建立完善的馆藏文物档案系统，从而避免文物档案缺失的情况发生。

其次，全面、完整的数字化信息能够更加翔实地展示藏品所反映的历史文化、风俗习惯及自然变迁等内容，有利于研究人员从藏品所处历史、人文背景信息中检索，从而能够对馆藏文物开展更全面、深入的研究。博物馆绝大多数研究工作是围绕着馆藏文物展开的，对文物数据进行采集、处理、整合、分析和开放共享，有助于拓展传递、沟通和交换研究内容的方式。就学术研究而言，数字化收藏工作使得藏品信息更完善地被保存起来；数字化管理工作保证了藏品信息的及时更新及条理性分类，便于研究人员调取信息用以研究。数字化展示工作避免了展陈过程中对展品的人为和不可抗力损害，为研究工作提供了更为完善的藏品信息；数字化教育工作能够更大范围地覆盖受教育群体，使研究工作能够得到更广泛的反馈；数字化传播工作能够使藏品的历史文化等信息得到高效的交流和推广，从而使研究工作能够获得更大范围的支持。数字化技术应该还可以丰富和完善非物质文化遗产档案记录系统，拓展所容纳的信息，例如可以将非物质文化遗产技艺的制作过程、传统表演和任务口述历史等制作成影像信息，以免造成重要的非物质文化遗产的遗失。[1] 通过数字化技术对有形实物藏品和无形信息加以保存和应用，完成了从实体收藏到虚拟收藏的转变，实现了文物的数字化典藏。同时，博物馆文物信息的数字化能够打破目前学术研究中普遍存在的孤岛现象，网络平台为科研人员提供的通信技术能够帮助更多不同学科背景、研究领域的学术研究人员传递和共享科研信息，传递多元化的研究看法，协作完成相关课题。

再次，博物馆通过采集文物数字信息来使其成为虚拟馆藏文物，可以降低博物馆原有生态下环境不稳定、人员触碰造成损坏等一系列风险。例如，通过数字技术可以将文物直接转换为高清虚拟图像，减少物理空间转移和阳光直射对文物的影响，从而避免不必要的损失。在完成藏品数字信息建档的基础上，通过对博物馆藏品信息档案的管理，即完成了

---

1 参见潘彬彬《浅谈非遗传承人口述档案在博物馆的保护与利用——以南京市民俗（非遗）博物馆为例》，《档案与建设》2018 年第 3 期。

对藏品原始记录、藏品目录、鉴定意见等数字化的管理，促进博物馆科学管理的发展。

最后，随着数字技术在博物馆领域的应用显著增加，高精度、高效率的数字采集、数字修护、高光谱数据采集与分析等技术的应用使得许多已经损毁的珍贵文物有了再现的可能。例如，虚拟现实技术被广泛应用于博物馆文物的数字化保护过程中，通过使用三维实时图形显示、人工智能技术、高速计算与并行计算技术等多项关键性先进技术，有效提升了文物保护过程效率及效果，使得文物管理工作更为便利化、科学化。二维和三维影像展现了文物不同维度的信息，使得藏品超脱于书面信息，成为完备、立体、可视化的藏品标签，更加有利于研究人员进行查阅和交流。北京大学曾和美国芝加哥大学及华盛顿特区的赛克勒博物馆合作对响堂山石窟中的文物进行数字化扫描及修护，修复人员通过将响堂山石窟中一些缺手、断脚的佛像和国外博物馆藏的佛像进行比对，并用虚拟的方式做拼接，完成了文物的数字化修复工作。因此借助现代科学仪器分析技术制定出科学合理的文物修复方案与技术路线成为文物修复的主要方式之一。通过编写科学且详尽的文物修复计划，并使用数字模拟进行不断的修改尝试，同时结合实际存在的问题，可以在文物修复方面取得良好的效果。例如通过一定的数字还原技术可以将已损坏或已消失的文物进行修复，并将其重新保存到博物馆中。同时还可以将文物的制作过程、传统表演、人物口述史转化为图像信息，避免重要非物质文化遗产的流失。这些借助数字技术修复与再现的文物，可以将文字、二维和三维影像等不同形态数据进行关联和契合，可视化的加强也有助于保存易变质、易变形的较为脆弱的藏品，使其原始状态得到保存，从而提升藏品研究的专业性和准确性。

藏品的数字化管理的实现是建立在文物数字化管理平台基础之上，进而实现按照一定规则对文物数据资源库各类信息的分类归纳。数字化管理平台的构建既要考虑博物馆管理人员的操作便利性，也要兼顾观众需求，以实现文物藏品数字化既有"藏"也有"用"的功能。在数字技术支持下，博物馆藏品以数字化形式收藏和展示是一种结合藏品管理和网络技术的应用方式，它的完整性需要硬件和软件技术的支持，这是实现藏品数字化管理的基本条件。[1]

（四）藏品数字化的意义

首先，对藏品进行数字化存储具有时代的必然性和文物

---

[1] 参见何美琴《博物馆藏品的数字化管理》，《文物鉴定与鉴赏》2021年第16期。

保护的必然性。[1] 藏品以数字化形式保存在数字博物馆中改变了以博物馆为主体的传统收藏模式，是藏品收藏管理在数字化时代的外延和发展的必然朝向。藏品是见证人类文明的载体，对历史研究、科学研究具有极高的价值；藏品的数字化强化了文物保护的理念和实践，以数字化形式存储的藏品实现了藏品的永久保存，即由物质资源转向数字化资源，不但让文物藏品资源被数据系统永久保存，而且再利用的便捷度和广度也大大提升。

其次，藏品的数字化存储改变了依靠博物馆实体空间发挥教育功能的传统。[2] 传统模式下，博物馆教育功能的发挥主要体现在观众直接到访观看展品，属于博物馆向观众单向传播教育信息的模式。藏品的数字存储扩展了博物馆空间，改变了传统模式下实体空间藏品收藏的模式，生发出藏品收藏的虚拟空间，创新博物馆场景和信息表达的方式，观众借助新技术可以不受时间、空间限制认知藏品，这充分体现了博物馆的教育功能。

再次，藏品的数字化管理有利于数字化博物馆的建设和

---

1 参见张亚晓《博物馆馆藏文物的数字化保护与管理》，《今古文创》2021年第 27 期。

2 参见徐光霁《博物馆数字化建设与文物管理探讨》，《中国科技信息》2021年第 17 期。

发展。[1] 走进博物馆成为越来越多的人休闲娱乐的选择之一，博物馆的存在满足了观众对丰富的精神文化生活的追求。受限于地域、时间等因素，实体博物馆的参观游览并不能满足所有人的需求，数字化博物馆的藏品信息化优势凸显出来。藏品数字化管理是数字化博物馆的核心，实现了文物信息的数字化归档，推动了数字化博物馆的综合体系建设。数字化博物馆的存在打破了藏品在时间和空间上的限制，储存在数字化博物馆内的藏品数字信息为展览的数字化奠定了发展基石。藏品作为博物馆的核心资源要素，藏品展览的数字化已经成为博物馆展览的一种表现形式。展览的数字化通常建立在藏品信息的数字化基础上，由此衍生出数字化博物馆的概念。其中，依托虚拟现实技术使得数字化博物馆的图片、文字、数据、音频、视频等信息以新的形式呈现，满足了观众自由选择获取相关信息的需求。[2]

藏品的数字化可以让文物得到充分利用，成为学术研究、展览展示和教育传播的数据资源。数字化技术具有跨越时空性、虚拟现实性、低成本复制性的特点，其技术特点反

---

1 参见张亚晓《博物馆馆藏文物的数字化保护与管理》，《今古文创》2021年第 27 期。

2 参见王梅、张皓瑜《基于虚拟现实技术的数字化博物馆展陈设计与用户体验研究》，《河南科技》2020 年第 17 期。

映在博物馆学科研究领域，表现为研究人员的跨区域性、研究对象的虚拟现实性、研究成果的可复制性。数字技术可让文物、标本、遗址、遗迹等大量有价值的藏品信息数字化，并通过信息数据库和传播技术实现共享。藏品信息的数字化处理，藏品数据中心的建立，能够实现博物馆之间的网络互联与信息互通，推动博物馆学术研究及文博事业的进一步发展。

最后，社会公众通过网络平台进行鉴赏和学习，在更大范围内发挥出藏品资源的研究、教育、欣赏等价值。而且，博物馆可以在前期通过对观众行为的大数据分析，设计出符合观众需求的展览，以创新性的展馆模式表现展览内容，观众借助网络终端平台即可实现参观访问展览的目的，获得新奇的看展体验，博物馆也完成了数字化的展览。

可见，博物馆藏品数字化建设是新时代发展的必然要求，是提高博物馆管理水平的基础，也是促进博物馆进一步高质量发展的必然选择。

二、加强博物馆藏品数字化的有效策略和方法

藏品数字化典藏与研究，一方面有效改善了藏品难以移动、储存困难等诸多限制条件；另一方面，也让众多学者开始

思考，文物数字化对于博物馆学科真正的意义所在。在当前研究背景下，如何将先进的技术模式转化为切实可行的文物研究的策略及方法，是博物馆数字化背景下需要不断探索的课题。

博物馆藏品数字化建设需要强大的专业数字技术支撑。数字化建设离不开数字化技术、多媒体技术、VR 技术、AR 技术、3D 技术、互联网技术等专业技术支持，特别是在藏品数字化管理领域，VR、AR、数字影像等技术的应用是博物馆所热衷的，但囿于经济因素等，应用尚不普遍。AR 技术，也称增强现实技术，通过对现实环境虚拟化的加工，可以将虚拟信息叠加在现实当中；VR 技术，则是具备处理多媒体音视频、三维图像处理、人工智能等操作的虚拟现实技术，它们的应用是对藏品数字化收藏的深化与加工。藏品的数字化建设需要搭建连接管理者、公众、文物、大数据的数字化桥梁，促进博物馆藏品数字化的全面可持续发展。藏品是博物馆的根本所在，通过数字技术对藏品进行数据采集是博物馆数字化和信息化建设的基础与前提。藏品的数据采集便于永久性留存博物馆藏品的影像资料，并以数字方式对不便移动的藏品进行异地展览。藏品数字化建设应加强藏品信息数字化的技术标准和研究规范。数字化标准是博物馆管理与日常运营的必要要求，尤其是对于处在高速发展阶段的博物馆发展而言，统一化的标准有助于博物馆行业形成标准化的下限，合理规避信息泄露、知识产权等风险。博物馆需要根据现有的数字化技术条件和藏品数字化实际工作需要，在行业内制定统一、科学、规范的藏品信息数字化标准，保证藏品信息数据的真实性、可用性与兼容性。统一的标准和规范可以使工作人员在细化分工与协同配合的过程中提升工作效率和工作质量，以此提高博物馆数字化的水准。

博物馆藏品数字化建设要注重数字化成果的知识产权保护与信息网络安全。随着数字化和信息化的发展，网络的开放性和共享性特征日益显现。同时，信息时代使得知识产权和信息资源的财产化性质不断强化，知识产权保护与信息网络安全一直是重中之重。藏品数字化建设会产生大量数字化成果储存于计算机硬盘及网络云盘中，而数据存储方式均有信息泄露的风险，因此数字知识产权保护成为不可忽视的重要问题。此外，数字展览或博物馆数字化网页也应预防盗用侵权和信息泄露等风险。对此，博物馆要采取足够的措施，根据国家法律法规制定相关管理规范，依靠技术性手段，保护相关成果的知识产权和信息安全。

博物馆藏品数字化建设需要长期性资金投入和持续性发展战略。博物馆藏品基础数据的收集、采集、录入、校对等工作过程烦琐，需要一定的时间和精力才能建成一套全面、完整的数字化管理和展示系统。

博物馆藏品数字化建设必须纳入互联网思维，引入大数据等先进的数字化技术，贯彻全社会服务理念。互联网思维就是在"互联网+""大数据""云计算"等通信科技不断发展的背景下，对博物馆的管理、运营、学术研究等工作进行重新审视的思考方式。博物馆在互联网时代必须要更新思考方式，用数据化的管理模式去发展博物馆藏品的保存、管理、研究、传播等职能。数字化可以搭建一个提升博物馆工作的新平台，其收藏、管理、研究、展示、教育等各项工作将在数字化的推动下实现博物馆业务的延伸。例如，英国部分非遗保护机构建立维基编日开发体系，仿照维基百科的管理模式，人人都可以参与编辑补充、更新信息，部分词条的贡献者甚至达上百人。许多词条随着贡献者的增加而得到持续扩展、更新和修正，这又进一步鼓励更多人参与维护并更新文化遗产网络数据。这一模式也可应用到博物馆的信息管理中。这种模式，一方面能缓解传统博物馆在档案收集、整理、记录、编撰、保存、更新速度等方面的人力不足问题；另一方面能极大地调动参与者的积极性，不但词条的内容能做到及时更新、补充，而且数据库真正做到了与民共建、共享。此外，这种扩充数据信息涉及的领域非常广，无疑将在更广泛的领域提升博物馆的社会影响力。

此外，大众对"乐趣化""精美化""现代化"文化形式的追求，倒逼博物馆数字化文物保护与修复技术的革新和发展。文物修复过程中使用频率较高的高光谱扫描、3D 打印等技术能够高效运用到博物馆展陈过程中，现场观众通过使用立体眼镜、数据手套等特制传感设备与展品进行信息交互，建构对文物的真实触觉，博物馆除了介绍藏品的基本信息以外，还需要充分运用全新的数字化手段，将附着于藏品上的信息通过多媒体形式向观众传播，深度解读藏品所蕴含的历史价值和社会价值。在提高展陈的趣味性、拓展博物馆展陈空间的同时，减少文物损毁的可能。对于非现场观众，虚拟形象的全空间展陈能够打破地域限制，实现多人在线的"云观赏"模型。

博物馆藏品数字化建设通过信息整合，为参观者提供更为便捷的藏品及相关信息的实时查询与共享，可以扩大服务受众的范围，以显著增强博物馆的社会影响力。

（一）博物馆档案的数字化收集与整理

文物收集和修护有助于统计与典藏文物，扩充博物馆文物资料库。因此如何将收集和修护好的文物进行科学化、合理化、数字化的档案整理，是博物馆需要考虑的重要课题。

1. 博物馆的数字化档案管理工作的价值

档案的数字化管理具有操作简便、查询简便、易于汇总、可视化程度高的特点，博物馆文物信息的庞杂，使得引进文物档案数字化管理成为必然趋势。数字化归档能够将文物的历史、环境、人文背景进行垂直细分与保存，有利于对文物的检索以及相关学科内容的研究。

博物馆档案资源种类繁多、信息数量巨大，按传统信息储存方式需要耗费大量的人力和物力资源，且容易出现由设备损坏、环境破坏导致资料丢失等恶性情况。文物信息的数字化归档能够使档案整理人员随时随地在云端查看文物信息，极大地节约了人力成本。

文物档案数字化有利于博物馆文物分类、信息检索等工作。文物信息可视化、数据化管理能够帮助博物馆快速建立文物档案系统，形成涵盖馆藏文物的历史、自然、文化等信息的专属资料库。"十三五"期间，"加强科教档案事业，加强档案信息化建设"方针政策的提出，进一步推动了数字化档案的发展。"文件贴片机"的诞生标志着传统纸质文件向机械化文件转换的新时代；智能电动书架和智能光盘柜新配件等档案管理手段的创新，使档案管理的现代化水平有了很大的提高。[1]

---

1 参见徐敏《信息时代对博物馆档案数字化管理工作的思考》，《黑河学刊》2021 年第 1 期。

2. 博物馆的数字化档案管理工作的特点

文物信息数字化可以实现档案管理的透明化、清晰化、智能化与数字化。博物馆建立藏品资料数字化管理平台，建立藏品信息查询系统，对馆藏文物资料进行整理与归档，并依据实际需要和文物管理守则将部分藏品信息展示给社会公众。利用数字化手段建设博物馆档案数据库，能够翔实地记载馆藏文物的各种信息，同时数字化档案库可以根据档案信息类别设置多种检索系统，帮助博物馆研究人员快速检索所需要的档案资料，实现博物馆藏品档案资料的高效管理，满足资料检索的便利化需求。

博物馆数字化将在全面、准确、系统与时代层次上提升信息存储的管理水平。[1] 文物档案数字化的过程并不复杂，文物信息资料通过专业扫描设备扫描后转换为电子档案，再经过档案内置系统的整合与分析，进而将文物完整信息存储到数据库中。数字化档案整理相较于传统档案整理方式而言，藏品信息的记录格式会更标准统一，信息的更新与共享会更高效便捷，存储空间也会比传统方式更大。

---

1 参见王维《博物馆藏品数字化管理的实现策略》,《文化产业》2021 年第 2 期。

3. 博物馆的数字化档案管理工作应注意的问题

博物馆的档案管理工作需要专业化的档案管理人员来进行档案资料的收集、整理、归纳和维护。博物馆档案管理工作需要具备高度的档案管理专业知识、实操能力和职业素养的专业复合型人才来完成。[1] 这要求档案管理人员需要具有文博、图书馆档案管理等相关专业基础理论知识，并能够熟练操作档案资料数据库和信息检索系统等计算机软件，了解博物馆藏品的概况和工作目标。

档案数字化管理对信息安全和网络安全提出了更高要求。相较于传统的管理模式，藏品数字化管理更依赖信息技术和网络技术的稳定与安全，尤其是对部分高度机密资料，博物馆要严格防控其档案信息安全。此外，博物馆藏品信息的对外展示，在一定程度上推动了博物馆对于文物信息准确性的认知，对于文物信息的准确性与完整性博物馆要持高度警惕态度。因此博物馆需制定详尽的安全管理守则，敦促档案管理工作的秩序化、规范化和安全性。

藏品档案信息展示界面的设计要突出博物馆的差异化特色，避免千篇一律。藏品档案信息的展示界面要遵循清晰、

---

1 参见徐敏《信息时代对博物馆档案数字化管理工作的思考》,《黑河学刊》2021 年第 1 期。

立体、直观等原则，要将数字化技术高度应用于文物档案展示界面，从视觉、听觉等角度为观赏者提供全方位的视听享受，更加立体地呈现博物馆藏品的差异化特色。同时博物馆也需要搭建反馈渠道，以便及时获取参观者对于展示界面的建议，并提出有针对性的调整与解决方案，优化藏品档案展示，推动藏品传播效力的扩大与发展。

（二）博物馆数字化藏品安全管理

数字时代的发展催生了博物馆藏品数字安全管理的实践。以江苏常州博物馆为例，这是一家集历史、艺术、自然于一体的地方综合性博物馆。自 2016 年以来，以中共江苏省委、江苏省人民政府《关于推动文化建设迈上新台阶的意见》印发为契机，江苏常州博物馆开启数字化建设进程。首先，江苏常州博物馆搭建数字化保护的综合平台，强调文物安全。[1]2018 年，博物馆在原安保系统基础上进行优化，建设数字视频监控系统、入侵报警系统、生物识别门禁系统等来把好安全关。其次，借助数字采集技术采集文物影像信息，提高文物保护安全性；监测环境中的温度、湿度、光照

---

1 参见朱敏《中小型博物馆的数字化博物馆建设探析——以常州博物馆为例》，《东南文化》2020 年第 3 期。

强度和大气中有机挥发物的总量，确保文物收藏环境安全。再次，以数字化管理为手段，建立藏品信息管理系统和数字资产管理系统，围绕藏品开展征集、鉴定、存储、修复、出入库管理、研究、利用等系统安装工作，实现藏品整体管理。最后，博物馆基于数字化办公需求，构建 OA 办公系统，完成博物馆信息管理的电子化、规范化和统一化。

三、博物馆藏品数字化对学术研究的影响

博物馆利用现代化、信息化、数字化技术可以实现馆内以及馆际的藏品信息资源共享。博物馆利用数字化技术采集藏品信息后，可以最大限度地整合不同类型、不同格式、不同结构的藏品数字信息资源，使藏品间建立数据关联。藏品之间的数据关联有利于将历史文化、自然变迁等信息联系起来，更系统地分析藏品背后的信息，可避免单一藏品信息的局限性，进而构建更加丰富立体的研究架构。

数字化技术能够在不同种类的学术信息、保管信息、地理环境信息、历史文化信息等之间建立数据关联。进行数据关联后的藏品在学术、保管、地理、文化等方面信息能够互相编织、互相嵌套，从而形成更加完整、系统、全面的藏品研究体系，为更好地进行文博考古研究提供信息基础，突破

博物馆学科界限，扩展博物馆学科研究范围，实现全学界共享藏品研究信息，从而更好地推动藏品研究工作的开展。

数字技术能够大力促成社会科学研究者与应用科学研究者的数据交流互通，推动博物馆之间专家学者的跨领域、跨学科、跨区域的交叉型学术研究。学术研究不能只停留在单一学科，只有跨领域、跨学科、跨区域的交叉型研究才能推动博物馆相关学术研究的可持续发展。数字化技术为社会科学研究者与应用科学研究者之间的跨界交流提供了沟通渠道，促进了藏品数据信息与专业学术信息的交流互通，实现了社会学科与自然学科共同致力于博物馆藏品研究的协同发展模式，更深层次地进行学术研究。专家学者之间的跨领域、跨学科、跨区域的交叉型学术研究是推动博物馆学科发展成为更完善的科学体系的理论基础动力，为博物馆学术研究的可持续发展打下坚实的理论基础。

数字化技术还可以实现文字、二维和三维影像不同形态数据之间的关联和契合。二维和三维影像展现了文物不同维度的信息，使得藏品超脱于书面信息，成为完备、立体、可视化的藏品标签，便于研究人员进行查阅和交流。可视化的加强也有助于保存易变质、易变形的较为脆弱的藏品，使其原始状态得到保存，从而提升藏品研究的专业性和准确性。

数字化技术让学术交流的成本大大降低。携带藏品信息参与馆外的展览活动是进行学术交流的必要途径，传统方式下的博物馆研究受运输、展出、研究等过程中潜在人为损坏风险的限制，存在保管成本较高、安全性不确定的问题，数字技术的应用有效缓解了这个问题，数字化藏品信息能够大幅度避免潜在人为损坏风险，仅通过信息拷贝的方式就能够实现与馆外学者的交流和探讨。同时数字化的藏品信息可以有效降低仓储成本，完善安全的信息设备就可以实现数字藏品的妥善保管。

数字化技术的使用极大拓展了馆藏文物的交互范围，实现博物馆内外信息资源的跨界、跨领域共享。21 世纪伊始，美国大都会博物馆等多家代表性展馆公开将文物展示给大众，扩展了与观众、研究学者云端交流的可能。公众的广泛参与也为博物馆的学术研究带来多样化的视角，从而提高了学术研究水平。例如故宫博物院出品的《韩熙载夜宴图》iPadOS 和安卓版应用，内附 100 个内容注释、18 段专家导赏的音视频、众多专家学者的相关研究成果，以及最新的学术观点等。借此，观众可以在这个开放式学术资源平台一站式获取全面、最新的学术资源。博物馆应充分利用数字技术及时公布学术研究成果，提供下载、搜索和分享链接，或利用新的社交应用平台组织与粉丝的互动，甚至组织专题性研讨，邀约专家、学者点评，营造出百家争鸣的学术氛围。

第四章 ○

博物馆的数字化展陈

古往今来，博物馆是人类文明和智慧的集中展示场所，收藏历史文物、艺术品、科技等高价值物品，以研究、教育、欣赏、传播人类文明为目的向大众开放。珍贵藏品展示着辉煌文明，也为后世参观者拓宽了视野，延续了文脉，保留了记忆。

随着经济发展、社会进步、大众审美与文化追求的提升，越来越多的人走进博物馆，希望从中获取知识、体验文化、了解文明，从收藏物中洞悉历史印记。与此同时，科学技术蓬勃发展，就像丹尼尔·贝尔（Daniel Bell）在《后工业社会的来临——对社会预测的一项探索》一书中所预言的："技术一直是区分社会时代变化的主要力量之一，因为我们实行一种新的度量制要么扩大我们对自然界的控制，要么就是改变了社会关系和我们观察世界的方式。"[1]互联网日益兴盛，数字化技术从日常生活慢慢渗透进博物馆，数字博物馆正是数字技术发展的产物。一场以人为中心、依托科技进步、侧重互动体验的数字展陈形式开始崭露头角，推动着悠久的人类文明步入数字时代，加速着博物馆向数字化、网络化、智能化不断发展。

一、博物馆传统展陈与数字化展陈的差别

博物馆传统展览是以实物展示形式为主，即在固定的展厅内，策展者根据一定规律将藏品和辅助性展品一一陈列展示，同时配以精练的文字说明，帮助参观者在观看藏品时理解藏品信息。这种展示形式的优点是真实性强，参观者能实地看到藏品原貌，但却存在着参观角度单一、信息传递浅显等方面的局限，既不能满足观众多角度、细致观察藏品的需求，也不能有效传递藏品背后的多元信息，更不能让参观者深度体验文化的内涵。

---

1 ［美］丹尼尔·贝尔:《后工业社会的来临——对社会预测的一项探索》，高铦等译，新华出版社 1997 年版，第 207 页。

数字展陈则是伴随着计算机技术的发展而来的，主要是指将博物馆的藏品与计算机结合起来，对其物品进行拍摄、扫描、修复等数字化信息处理，并将信息存储在计算机系统内部，通过利用数字化的文本、图像、音频、动画和视频等媒介，辅之以各种数字展览设备，对藏品的内涵、历史、文化、美学等信息进行多方面挖掘。

20世纪90年代，数字展览已开始形成行业雏形，3D效果图成为最早的数字展示形式。21世纪初，触摸屏的应用给数字展览带来了革命性的变化，加速了信息传播模式从单向固定传播向人机交互双向传播的转变。自从触摸屏和交互式媒体展示在2010年上海世博会上大规模应用以来，越来越多的数字展览设备作为辅助展示方式进驻各大博物馆。

与传统展览相比，数字展览是通过将数字展览设备应用于博物馆来实现的，从而为数字展览创造环境和空间，形成数字展陈系统。当参观者想要获取某类信息时，计算机将数字信息转换为人类感官（如视觉、听觉、触觉等）能够识别的信息呈现出来。与传统的博物馆展览以展品为纽带联系观众不同，数字化下的博物馆展示综合利用科技手段呈现，强化的是藏品的展示与传播属性。

二、博物馆数字化展陈的交互设计

博物馆数字展览建立在数字化建设的基础上，将数字化设备应用于信息呈现和信息交互之中。博物馆的"物"转化为"数字"，极大地提升了博物馆的展示和交互能力，颠覆了观众的传统审美和知识习得方式。随着多样化技术的应用，展陈内容形式日渐丰富，与观众的交互方式日益多元。设备、环境和空间从来都不是单一和孤立的，而是以不同的方式充分结合在一起，将独立的功能子系统集成到一个大型数字展览系统中，为游客提供了一种复合的体验，使他们不仅能在博物馆的实体展览中感受到历史的沉淀，还可以通过数字展览获得新的见解和互动体验。

（一）数字化下的博物馆交互设计的概念与现状

交互设计在文博领域的出现是顺应时代发展的大势所趋，它是体验经济在文博领域的实践与表现。"体验"对21世纪的经济、文化、民生等方面都产生了深刻的影响，它是继农业经济、工业经济和服务经济之后的第四种经济类型。体验经济的浪潮为博物馆的建设开辟了新的方向，以用户体验为中心，数字化为技术驱动，通过对博物馆场所内情景、交互和触点等方面的体验设计，实现引导观众从参观者到参与者的身份转变，是当前博物馆建设的重要方向。[1] 在此背景下，博物馆、美术馆等文博机构的策展形式趋向数字化手段下"交互式""沉浸式""体验式"等运用新媒体技术的展览，侧重观众的情感、社交体验等多个层面的需求。

此外，数字化手段下的博物馆交互展示也是国家指导博物馆发展的一个方向。2021 年 5 月，中央九部门联合印发的《关于推进博物馆改革发展的指导意见》为博物馆事业未来的发展做出了判断和规划了布局，"科技支撑"成为"提升博物馆服务效能"的重要途径。经过了数十年的快速发展之后，交互展示作为运用科技手段辅助博物馆发展的方式之一，在推动博物馆与观众产生交互的领域正当其时，也具有不可替代的作用。

"交互"原指社会学范畴下人与人、人与社会、人与环境之间的相互作用，在传播学语境下则是指传播媒介与传播受众之间的信息交流。文博领域的交互概念，指的是人、展品、展览空间的相互作用，通常，"人"指博物馆中的观众，展品指展出的作品及辅助性物件，展览空间则是展品展示所在的空间。博物馆的交互一般指的是人，即交互的主体"观

---

1 参见袁春雷、谢勇《基于数字化的博物馆体验设计研究》，《工业设计》2021 年第 12 期。

众"与交互的客体"展品"之间的交流与相互作用。[1]数字化之下的博物馆交互是在科技手段下，借助计算机实现的人机交互，它通过对博物馆的情景、交互和触点等进行设计，用交互性、多感官的信息传播方式代替传统的图文与实物展览，达到以人为主体的交互体验，将观众由参观者的身份转变为参与者的身份，成为一个完整展陈的重要构成部分。

（二）数字化展陈的交互形式及技术手段

博物馆数字化展陈的重要特征体现在互动性上。可以说，交互式数字化展览设备作为一种新的体验形式，深受观众的追捧和喜爱。但交互式数字化展陈设备的使用却是渐进式提升的，从 20 世纪 50 年代的博物馆文物收藏管理，到 70 年代的规模化入展，再到 2010 年前后的交互式操作应用，再到数字化展陈的系统化发展，交互式参与经历了由点到面、由表及里、由浅入深的逐步提升。

新媒体技术运用到博物馆的交互层面主要体现为交互体

---

1 参见包晗雨、傅翼《试论体验时代基于新媒体技术的博物馆交互展示》，《中国博物馆》2021 年第 4 期。

验、数字影像、虚拟现实等数字媒体技术的应用。[1] 首先，交互体验式的数字媒体技术强调通过人机交互技术的应用，借助触控交互、声控交互、动作交互等三类体验形式，形成观众与展品之间的信息获取和信息交流，以增强观众沉浸式交互体验为核心目标，强调信息获取的主动性与高效性，赋予观众看展的娱乐性和互动性。以数字影像技术应用为主体方式，借助音频、视频、图像等形式扩展传统图文展示的边界，丰富展览空间的元素与场景，用数字影像的形式调动观众的视觉与听觉，进而实现沉浸式的体验。将虚拟现实等技术手段应用到博物馆交互设计之中，通过实体物品及想象元素的虚拟呈现，为观众搭建了从二维到三维的体验空间，让展品或体验以更具象的形式展开。其次，全息投影、交互动作的运用将静态的展览动态化，让观众体验趋于真实。

目前博物馆应用数字化技术进行展陈的形式，大体可以分为两类：第一类是完全利用数字化制作展览，即数字博物馆，如故宫博物院的端门数字馆；第二类则是将数字化技术作为重要辅助手段应用在展览中。无论哪种类型，数字展陈形式的设备、环境、空间、内容都不是孤立存在的，而是根

---

1 参见尹珍《数字博物馆沉浸式交互设计》，《传媒论坛》2021 年第 20 期。

据展览主题、传达信息需求有效组合达到展陈目的。在中国博物馆系列化数字展陈的改造和规划过程中，大部分都经历了从语音导览设备到触摸屏、再到数字投影等设备使用的过程，既承载了足够多的数字信息和影像，也为观众带来参观时多种交互体验的可能性，且不同数字展陈设备在组合使用时，也为观众提供了系统性、渐进式的交互体验。例如在武汉江汉关博物馆，进入博物馆后，可以使用触摸屏查询博物馆内部信息，二楼入口走廊有用幻影成像技术播放的《江汉关的一天》，用影像方式为观众展示了江汉关的日常；随后进入报关大厅场景复原空间，通过实体复原场景，使观众置身其中，从影像方式切换到空间真切体验，这一主线构成了观众参观江汉关博物馆的流程图。虽然在设计数字展陈形式时，并没有将所有的技术都使用上，但却精准恰切地组合使用，给观众带来了由浅入深的交互体验。再比如，台北故宫博物院的桌面投影互动项目，由桌面、碟子与墙体的投影组合而成。观众站立在桌子四周，三个墙面放映着动态视频，当观众移动碟子时，碟子里的图案会消失，放在桌面上便可在碟子里创建一个动态的虚拟图像。该数字展陈借助观众行为的变化，让观众不仅能欣赏到博物馆的书画文化，还能欣赏到餐桌文化与博物馆文化的结合。事实上，桌面投影交互只使用了三个投影仪和一个雷达探测器，其中两个投影仪投影到三面墙上，一个投影到桌面上，技术上操作简单，却能数倍提升参观及交互体验的愉悦感。

从目前博物馆广泛使用的数字化展陈形式来看，其依托的数字技术主要有以下几种类型：

1. 智能感知交互

众所周知，人体的感官分为听觉、视觉、触觉、嗅觉和味觉五大系统，智能感知交互设计旨在满足人体多种感官的需求，它是针对不同感官的接受特性而设计的，最大限度实现展品与观众之间的交互。

（1）多媒体影视技术支撑的屏幕显示系统

这是当前博物馆数字化展陈中应用最广泛的技术，主要是指通过播放视频、影片、动画等多媒体形式，从不同角度呈现多元信息。如展陈对象为历史名人时，博物馆通常采用纪录片等多媒体形式，讲述该人物的生平事迹，并结合展示的相关藏品，使参观者对人物有更加直观、深入、感性的了解。例如，在深圳城市规划馆的城市设计展厅中，将居住在城市中的不同人群做影像采访记录，如导演、公益人、教师、科学家，将这些影像与展厅座椅、灯光交织融合，当参观者在不同位置落座后能聚焦看到该人物对城市设计的想法，从而使参观者对整座城市的规划设计有不同维度的直观感知。通过动画的形式让文物"活"起来的典型例子是台北故宫博物院的清院画《十二月令图》。台北故宫博物院利用新媒体技术，将清院画《十二月令图》等六个系列的书画以动画的形式进行解析，充分展现数字化技术在文物展示领域的应用。此系列展品的展出主要依托投影机形成的屏幕光墙完成，技术人员利用无缝衔接技术将四台 1080P 高清高解析投影机组成 9 米宽的长方形的屏幕光墙，形成模仿古代书画长卷的形态，接着利用新媒体技术在光墙上展现绘画作品，实现古代书画作品的数字化浏览。为了增强古画的真实性，技术人员将光墙比例与书画比例保持一致，采用从右向左的阅读模式，贴近古画阅读方式。同时，在数字技术的参与下，古画以动态取代静态形式，画中人物在光墙上穿梭、在不同场景中转化，展现了数字技术在博物馆领域的应用。

（2）多点触控技术支撑的触摸屏系统

这是博物馆目前应用的最具有交互特性的技术手段，也是应用层面最为亲民的信息双向传递的交互形式，主要是指在一个个触摸屏或触控板上，对屏幕上多个点进行操作，在功能上满足不同层面的需求。此类技术在博物馆的应用，一种是实用性信息指引，如导航、导览、信息查询等；另一种是互动性娱乐，如将展品中某个细节放大以获得更细致的观展感受，比如湖南省博物馆打造的"湖南人——三湘历史文化陈列"展，使用的便是"触控墙"，包罗了多民族融合的人文风情，观众只需要点击其中图片，便可以放大观看不同民族风情。事实上，许多大型博物馆都有墙壁大小的"超级展示触摸屏"，游客可以聚集在这里点击屏幕、欣赏内容，实现具有互动性的参观体验。可以说，"触屏"系统属于博物馆目前应用最广泛也最基础的交互形式，不同的放置触屏位置、内容设置的不同，都会为观众带来不同的交互体验，比如放置在入口的多点触控查询机提供的是博物馆基础信息，设置在实物展品旁边的触控式查询机是实物展品数字信息的延伸，为观众带来了多元的信息体验（图4-1、图4-2）。无论是过去、现在，还是未来相当长的一段时间内，触摸屏系统都承担着数字展陈交互的主要任务。

图4-1　多点触控查询机

图 4-2　触控式查询机

（3）巨幕投影技术

在交互设计的基础应用中，除了触摸屏系统的大规模使用，随着 4G、5G 的发展，观众还可以通过移动互联网设备获取信息，例如扫描二维码以获得相关的语音或文本介绍，以及观看展品的扩展信息。

巨幕投影技术支撑的多渠道显示系统有很多应用场景。该技术主要是采用多个投影系统组合而成的多渠道显示系统，与常规投影相比，具有尺寸大、显示内容丰富、视觉冲击更强、显示更清晰、观众沉浸感更强等特点，多应用于大型主题式展览。如"活着的梵·高"数字艺术体验展，采用巨幕投影技术，在展厅四周及地面投射成高清多屏巨幅影像，配以唯美的西方古典音乐营造氛围，使观众身临其境地感受梵·高的世界。此外，对于一些场地受限、无法采用实物更好地呈现展览的博物馆，也可以利用巨幕投影技术，让观众获得更全面和良好的观展体验。随着技术发展、策展内容需求、体验感的提升，目前许多博物馆在多方位利用投影设备、传感器和其他技术设备，为观众创造可以感知并与虚拟和真实物体有效互动的环境，使观众多感官融入，沉浸感更强，从而获得虚实结合的交互体验。比如，在上海世博会德国馆，在展厅前设置了虚拟空间走廊。通过投影技术和艺术显示屏，创造了一个火车、汽车和行人来来往往的数字空间。通过这条生动活泼的虚拟走廊，游客可以亲身感受德国充满活力和工业化的文化氛围。

（4）语音交互系统

语音交互技术是交互技术中最基本的一种技术，是指观众通过"发声"使语音交互设备做出反应，来取代传统的手动触摸的输入方式。目前，语音交互技术正与方位辨别技术结合，可使数字导览设备的功能进一步拓展优化。例如，观众戴着耳机或手持语音导览器，无论走到哪里，都可以接受基于位置和电子感应的导览服务，系统自动进行语音导览和解说，甚至是多语种解说，这种方式解放了双手的按键触摸，使观众能够更加自如地观赏和游览。

（5）体感交互系统

体感交互技术也是根据人体特点发展起来的，具体而言，体感交互是指不需要传统的、复杂的控制装备，观众可以通过肢体动作与相应的内容进行互动。例如，在美国克利夫兰艺术博物馆，观众只要面对屏幕摆出展品的姿势，内置于博物馆的体感互动装置就会通过自动识别技术将对应的博物馆藏品图文信息展示出来，让观众获得了一种"变魔术"般的生动体验。

2. 数字虚拟影像交互

（1）AR/VR 技术支撑的虚拟系统

随着科技的不断进步与社会快速发展，人们对参观博物馆时希望获取的多感官、多层次、立体化体验的诉求越来越高，也更加希望在游览过程中有身临其境的感受，基于此，以 AR 与 VR 为代表的技术，使用计算机程序算法模拟具有三维空间的虚拟物体或环境，为观众提供视觉、听觉或触觉仿真模拟，是一种虚拟与现实无缝衔接的交互体验，正推动着博物馆数字化展陈迎来新的升级体验。VR、AR 是博物馆展示、陈列中应用的两种虚拟技术，具体差异体现在，AR 是通过相机采集实物影像并附载数字信息的技术，主要是将真实世界信息和虚拟世界信息"无缝"衔接，让真实环境、物体与虚拟场景密切联系起来形成虚实结合的参观感受（图4-3、图4-4）。实现 AR 的关键技术包括空间定位、图像识别、物联网与传感器、移动计算等。实施步骤是，首先通过相机从博物馆收集实景数据，以生成真实场景图像；其次使用人工识别标记来跟踪目标，利用空间定位技术对虚拟影像与现实场景展开三维配准，最大化实现真实场景与虚拟图像的无缝衔接；最后，将这些虚实结合的信息通过 3D 眼镜、移动终端设备等展示出来。博物馆早期使用的 AR 技术，主要借助参观者手机中安装相应 App，将展品实物与 App 中的

图4-3　AR 技术呈现的"天幕穹顶"

图4-4　AR"天镜"

虚拟环境、角度结合，使游客体验真实环境中无法体验的附加数字信息，更细致地观测文物，通过手机终端和附加软件得到模拟仿真信息，实时增加娱乐性与互动性。

不同于 AR 技术，VR 技术主要将真实场景数字化，并利用信息收集和数据处理技术构建虚拟 3D 场景。AR 与 VR 相比，一个是增强现实中的虚拟体验感，另一个是构建虚拟现实中的真实体验度。实现 VR 的关键需要经过采样、建模、漫游模块开发等环节，第一步是利用摄像头采集实时画面数据，得到真实场景数据；第二步是使用 Maya 或 3DS MAX 等软件构建三维模型，建模完成后将处理后的实景图片进行贴图；第三步是将模型导入 U3D 中，并添加交互式指令以实现场景漫游。VR 技术在数字博物馆中的应用更多体现在人机交互上，人机交互覆盖了真实与虚拟，通过三维技术来促进交互的完成，使游客借助键鼠、语音及体感等方式在虚拟场景中漫游，借助设备在漫游场景中实现交互，使游客置身虚拟世界却能够获得与真实世界相似的游览参与感，获得身临其境的沉浸式体验。

基于其特征的差异，博物馆目前在不同的场景使用这两种技术。一般来说，VR 技术主要用于互动性强的展览，观众可以通过 VR 进行感知和观看；AR 技术是一种将现实与虚拟有效结合的新型技术，除了为观众提供身临其境的感觉，还可以应用于亲身体验文物和展品的活动中。传统博物馆在展览中借助 AR、VR 技术使参观者沉浸式体验感更强、交互体验更加丰富。此外，一些博物馆也开始应用 AR、VR 技术，创设数字博物馆，国内具有代表性的数字博物馆有"360 紫禁城全景虚拟漫游"和"数字敦煌"等。法国卢浮宫博物馆设立了专门的虚拟现实展厅，观众可以戴着头盔沉浸在虚拟现实的图像环境中，在他们面前呈现巨大的蒙娜丽莎肖像，并配有虚拟的画家亲自讲解这幅画创作的故事，为观众提供身临其境地感受展品文化意义的可能性。未来，以 VR、AR 为代表的核心技术将推动博物馆数字化展陈迎来新一轮的体验升级，其沉浸性、交互性、构想性都极大地促进了博物馆由被动展示向主动交互探索方向发展。

（2）全息投影技术支撑的虚拟成像系统

全息投影技术，也称虚拟成像技术，主要是以光学原理中的干涉与衍射原理为基础，通过对现实存在的文物进行三维立体记录，并将相应的数据和图形进行记录和投放，向参观者展示与真实参观相似的幻象（图 4-5）。比如"三山五园文化巡展——圆明园四十景文化展"就使用了全息投影技术，借助该技术再现了圆明园西洋楼海晏堂十二生肖兽首喷水的壮观场面，使参观者获得了原本不能在真实空间中获取的观展体验，增强了观众的身临其境感。

图 4-5　全息影像方式呈现 "三国青瓷羊形烛台"

　　前文提到的数字展陈形式和内容的设计与应用，都可以为观众提供不同层级的多形式交互，包括触摸式的交互界面、体感交互为代表的非触摸形式、借助 VR 与 AR 技术及全息影像提供的虚拟空间等，都是连接博物馆与观众的媒介，使观众视觉、听觉、触觉等多感官融入，形成更有拓展性的交互可能。

　　当下很多博物馆通过综合利用这些互动设计，增强观众的参与度，使观众全身心与虚拟环境或虚拟人物进行互动。比如上海博物馆虚拟踢足球体验展示设计中，借助数字化展示技术手段，增强了互动体验。参与比赛的观众站在点球点，在虚拟场景中用力将足球踢出。虚拟守门员由计算机程序控制来做出扑球动作。根据参与者踢球的方向、力量、准确性和其他因素，有射偏、射中及被扑出三种情况，这种对战发生在真人与虚拟人之间。再比如，德基美术馆忽明忽暗的如梦天灯下，长110米、高3.6米的"金陵图动态长卷"徐徐展开。这幅被誉为南京版"清明上河图"的《金陵图》在动起来的基础上，串联起金陵城的市井百态，同时"金陵图数字艺术展"全球首创"人物入画，实时跟随"的互动观展模式，突破性地将新锐科技引入经典文物数字化中，在智能算法的加持下，通过好莱坞电影科技、Unity3D 引擎、军工级定位系统 UWB 智能手环等尖端科技实现内容和互动方式的升级迭代。观众在观展过程中以"第一人称"视角，与533 个"画中人"亲密交流，同时还可自主寻找散布全城的25 位特殊身份的"神秘人"，解锁不同故事线获取不同知识，每解锁一个知识点便会有相应的激励，将观众观展时的灌输型的知识获取模式转变为自主型的知识获取模式，在寓教于乐中感受金陵文化。

三、以观众需求为中心的数字展陈设计

与博物馆传统展陈的单向维度、以"物的展示"为主体不同，数字展陈逐渐转变为以"人的需求"为中心。无论是何种形式的交互体验，其存在意义均表现在展品与观众两个层面。根据受众需求、展览主题、传达信息需求等进行有效组合，从而达到多样化、个性化、互动化的展陈目的。

（一）优化参观流程的数字化管理

1. 预约的数字化管理

博物馆的数字化建设与管理自观众预约展览开始，到抵达博物馆、门票管理、参观博物馆，直至观众离开博物馆，构成了一个完整的参观体验过程。长期以来，博物馆门前（特别是重要博物馆）排长队、拥挤或重要展览的展厅里人满为患等问题极大地影响了观众的参观体验，消减了观众的消费意愿，降低了博物馆的服务水平。博物馆在入口端全部实现数字化，也就是"先线上预约后参观"，是一种科学、合理、安全、便捷的参观方式。观众通过博物馆微信官方平台、官网等渠道完成门票预约，提前线上预约实现了参观人数与博物馆承载能力的适配原则，可有效缓解拥挤难题，改善参观秩序，提升参观者的观展体验，保障参观安全。再

者，通过提前预约，观众也可以更全面地获得展览信息，进而制订更适合个人偏好的参观计划。

从疫情防控的角度看，博物馆展陈多有室内空间密闭、陌生人聚集的特点。疫情防控期间，预约参观在限制参观者数量、防止人群聚集、防范健康风险等方面发挥了至关重要的作用。特别是实名制预约，以及与健康码绑定的验票措施，更是从安全角度提前掌握了参观者的真实信息，排除了各种可能出现的安全隐患，提升了突发事件预警和应急处理能力。自疫情以来，国内外重要博物馆开始推行预约和限流措施。

预约需要依托数字化平台提供在线服务，这将倒逼博物馆业线上化率的提升。产生联动效应的是，线上门票预约虽然减少了购票环节的排队和人群聚集，但是如果线上购票没有与数字化验票环节打通的话，则容易在验票端引发新的拥堵，因此需要推动在验票环节投建新型信息装备，包括智能闸机、高清摄像头、5G 基站等，以此支撑博物馆对观众流、车位、健康等信息的采集和统计。从总体上看，当前各博物馆预约参观的软硬件配套设施还需普及，各博物馆的信息化基础设施建设发展不均衡。在《国务院办公厅关于进一步激发文化和旅游消费潜力的意见》中明确提出，到 2022 年实现全国文化和旅游消费场所除现金支付外，都能支持银行卡或移动支付，互联网售票和4G、5G网络覆盖率超过90%，文化和旅游消费便捷程度明显提高。可见，作为文旅消费重要场所之一的博物馆，其数字化入口端建设仍有很大发展空间。无论是从安全运行角度、有效的观众管理角度，还是从牵动博物馆数字化基建方面，预约制都是博物馆业实现安全、高质量发展的重要前提。预约参观势在必行，而且要大力普及。未来，便捷化、精细化预约还有待进一步优化、提升，例如，观众通过博物馆的官网或互联网服务平台能获得随时购票、快速出票、快速扫码入馆的便捷化服务。在此基础上，精细化预约需要进一步开发，例如对于馆内的一些热门展览，观众可以通过"虚拟排队"实现精确预约，不仅可以自由选择时间段，还可以随到随参观，实时反映馆内项目的等待和人流情况，提高博物馆观众接待效率，以便观众能够获得更好的参观体验。

2. 参观过程的数字化管理

随着人们对精神生活追求的日益提升，"到博物馆去"已经成为一种新的生活时尚。尤其是在节假日，去博物馆参观的观众数量剧增，很多博物馆在超负荷运转，往往会产生安全隐患。例如故宫博物院在旅游旺季，单日观众接待量可高达十万人次以上，这给文物保护和安全管理都带来了巨大挑战。为此，故宫博物院设立了观众动态检测系统，对开放区域观众流量进行安全监测。一些博物馆通过移动互联网和大数据分析，基于智能跟踪算法开展观众行为分析、客流统计、区域关注度分析、人员密度分析、热力图等功能，例如智能化检测观众分布密度和行为轨迹，当观众密度达到预警值时，做到及时发布预警信息，合理疏导分流，智能化推荐参观路线，以防止可能由于拥挤出现的窒息或踩踏事故；分析观众的行为轨迹包括以图像化方式展示某一区域的访问热度（用人数或停留时间计算得出），包括空间热度和时间热度，可以智能化地分析观众的参观喜好，重点展览和展品的受欢迎程度等。把观众每日在博物馆的参观行为数据汇集起来，博物馆的系统产生海量的数据，这将成为大数据分析的基础。对这些海量数据进行建模，分析其数量、变化和关联度，例如结合客流、展览参观和消费的数据，可以挖掘文创产品销售的规律，提升博物馆的经营能力。这对博物馆的安全管理、高质量运营及未来规划提供了非常有力的决策依据。

未来，随着智能移动终端的精准引导，在智能化参观体验过程中，展品的信息将悉数展示在掌上电子地图上，同时，这些信息通过文字、图片、语音、增强现实等多种形式汇集到电子地图中具体的标注点上。附加服务还将包括客流预警、优化线路推荐、便民设施提示、国宝探秘、时间提醒、文创产品推荐等丰富的功能。在观众体验服务的同时，博物馆在后台可以收集用户的位置、参观路线、消费偏好等信息，从而勾画出观众参观过程的信息画像，并生成针对观众的个性化推送。博物馆管理者可以做到量化分析博物馆的运营管理，据此改进、优化管理服务，更好地满足观众个性化的参观体验需求。这些愿景的实现需要博物馆相应的数字化基础设施建设的配套跟进，需要新技术的加持。

（二）符合观众需求的数字化展陈

进行博物馆数字展陈的内容设计时，在确定展陈主题的基础上，以受众需求为起点进行分类，可以有效规划数字展陈时的内容设计方向。目前，据博物馆参观者动机的相关文献分析，前往博物馆参观的观众虽然均以参观为目标导向，但侧重点却各有不同，大体可以分为以教育为目标的观众、以娱乐为目标的观众和以研究为目标的观众。

1. 以教育为目标的观众

在参观博物馆时，以获得教育为目标的观众往往遵循知识获取的路线，依循"进入博物馆—实物参观—数字展陈设备使用以辅助教育目的—数字/人工讲解—进一步实物参观—实现教育体验"。结合此类观众诉求，在做数字展陈的内容设计时，可以将知识教育内容与"多媒体影视技术支撑的屏幕显示系统""多点触控技术支撑的触摸屏系统"相结合，使展览内容立体直观地呈现，与实物展览充分结合、互为补充，使观众在博物馆获取知识教育时，拥有更加深刻丰满生动的体验。例如，北京首都博物馆的"京城旧事——老北京民俗展"中，通过实物展示和情境还原展示百年前的北京民俗，胡同场景的重建作为一种传统的展示方式，立体再现了老北京人在婚礼、诞生礼、年俗等重要民俗节日中的场景、文化、习惯。民俗展的结尾，在展厅出口放置了触摸屏，触摸屏上是两幅民俗画的"找不同"游戏，观众可以通过点击屏幕参与这个简单的交互游戏，更加深刻生动地了解老北京传统民俗中的祥瑞元素、龙生九子寓意、风俗节庆的细节，将现场参观与数字教育润物无声地结合起来，吸引感兴趣的观众检验或加强他们在博物馆内获得的信息，丰富了游客参观博物馆的水平，借助数字化技术获取生动的、交互的教育体验。

2. 以娱乐为目标的观众

该类观众在博物馆游览参观时，多以寻求新奇有趣的体验为目的，依循"进入博物馆—实物参观—寻求趣味性强的数字展陈手段—拍照传播—参与数字展陈设备互动体验—与其他观众互动—完成娱乐体验"。结合此类观众诉求，在设计数字展陈内容时，可以将交互娱乐内容作为重点，更多侧重与"多点触控技术支撑的触摸屏系统""AR/VR 技术支撑的虚拟系统"相结合，使整个参观动线充满娱乐性、互动性，方便以娱乐为目标的观众在参观中获取不同于其他场所的娱乐体验，激发传播动力。

事实上，当前博物馆已经逐渐从"权威学术表达"向"融合专家、学者与大众对话互动的表达"过渡，除了教育功能，更依托文物、展品、文脉为普通大众提供娱乐体验方面的服务，随着观众精神诉求、娱乐诉求、对美好生活的诉求的增长，博物馆承担起寓教于乐、旅游打卡的大众服务功能，当数字展陈这种新型方式引入后，展览的趣味性、娱乐性、互动性被增强，传统的、被动的、展陈历史文物的博物馆开始年轻化、时尚化，与当下生活紧密结合，甚至可以用数字技术让古老的历史在当代重新"复活"。例如，上海自然博物馆的主题馆中，通过在展厅中复制古老的森林场景，辅之以生态系统食物链的数字展示，使远古时代的动物、植物、生态循环等自然场景展现出来。互动性最强的是巨型恐龙模型，当观众在恐龙模型的感应区附近排队靠近时，静止的恐龙会扭动身体，伸出上肢，占据了展厅中心位置的恐龙摇头晃脑，使人仿佛真实进入了远古时代。这个参与性极强的可交互恐龙通过传感器的应用，使观众获得出乎意料的"远古"娱乐性体验。此外，在海洋生物场馆中，通过投影系统在地面投射出鱼虾浮潜游动的画面，加设感应装置，当观众走过地面时，"海洋动物"会"游"走，如同游走在真实的海底世界一般。此类娱乐性极强的展陈方式，对亲子、情侣和其他喜欢新奇和娱乐的观众极具吸引力，整个参观过程充满趣味，促使观众打卡拍照、上传社交平台，完成了博物馆展览的二次传播，使原本安静固定的参观过程变得精彩纷呈，娱乐性十足。

3. 以研究为目标的观众

此类观众参观博物馆比较主动，他们会提前对参展内容进行信息收集、梳理，预约展览、寻求深度讲解等，高度重视人工/数字讲解提供的信息和文本信息，依循"预约/查询人工讲解—实物参观—数字展陈深度信息获取—进一步实物参观—数字展陈感受氛围—完成研究体验"。为满足此类观众的需求，在设计数字展陈内容时，除了常规的多媒体系统补充文物的知识信息、多点触控的触摸屏增强互动感以外，也可以借助 VR/AR 等技术将展览的深层次信息展现出来，使研究型观众在积极主动汲取知识的同时获得学习知识的深度体验。例如，密西西比艺术博物馆有一个名为"在作家心中"的展览项目。观众坐在展览中的桌子旁，使用投影设备在桌面上呈现三位当地作家的故事。再加上设计好的打字声音，在实体打字机上敲击会将书的内容投射到打字机的纸张上。用实体打字机和虚拟光影向观众讲述三位作者的故事和代表作的理念。在打字过程中，观众可以看到作者的虚拟形象，为观众将信息转化为知识提供了更好的体验。

当博物馆开始使用数字技术展陈设备进行内容设计时，应该至少覆盖两种以上参观群体类型的基本诉求，其中，多媒体影视技术支持下的屏幕显示系统是基础的数字展陈形式，全息投影技术和巨幕投影技术的数字投影系统在博物馆中应用时能营造氛围感，使参观者身临其境；而在交互体验上，博物馆可以优先选择操作和管理简单的触摸屏系统，根据实际情况辅以 AR、VR 设备，使体验更加梦幻多元。以上几种数字技术系统基本可以支撑博物馆数字展陈的内容设计，博物馆需结合展览目的、主要观众类型、自身条件，在充分挖掘展览脉络的基础上，使展陈更加多元化、个性化、互动化。

四、博物馆数字化交互设计的优势与建议

博物馆交互式展陈的出现是行业发展的内在驱动，是对传统展览形式的创新性突破，这一方式丰富了博物馆教育功能的实现途径和方式。

首先，博物馆的交互式展陈实现了展品展览的全面性、

跨时空性、跨地域性的展示。在交互方式下，博物馆的展览体验表现出以多途径、多角度展现藏品信息，构建了观众以视觉、听觉，甚至触觉、嗅觉等多种感官参与的方式获取展览信息，有效扩展了获取信息的途径，也更加迅速、直观地获取信息，可以在短时间内获得更全面的展品信息。而在传统的展览模式下，观众要在观展时间里以单一的方式了解展览，这种要求观众高度集中注意力来获取信息的方式很容易产生疲劳，造成信息获取的有限性。而且，数字技术主导的展览具有易存储、可复制、可再加工的特点，可以营造数字化的展陈环境，达到更全面、多元地呈现展览内容的目的。

其次，交互形式下的展览具有更及时、有效的传播信息的效果，能得到观众更直接的反馈，强化博物馆的教育功能。[1]新媒体的参与，打破了单一感官参与展览的局限性，观众与展览建立的即时交互可以迅速展现观众对展览的反馈。另外，博物馆的交互设计满足了用户的情感诉求，优化了用户体验。

最后，以交互辅助的展览让观众可以体验更丰富的内容，参观过程具有更强的社交属性。未来派学者阿尔文·托

---

1 参见包晗雨、傅翼《试论体验时代基于新媒体技术的博物馆交互展示》，《中国博物馆》2021年第4期。

夫勒在其著作《未来的冲击》一书中指出，未来经济是一种体验经济，生产者将是制作体验的人。[1]数字博物馆中的数字展品通过利用数字化影像、三维模型、虚拟现实等交互技术，为用户提供了感官感受、身体接触、情感融入等的全方位体验，而在传统展览模式下，展品是展览的主体，观众的需求处于次要位置，也就很难调动观众的积极性和主动性。以故宫博物院的"发现·养心殿——主题数字体验展"为例，观众通过使用手机等移动设备，可以体验"养心殿的一天"，参与"召见大臣""朱批奏折""亲制御膳""穿搭服饰"等活动，其体验内容较传统展览更加多元，在此过程中，和虚拟展品、人物的互动，打破了传统看展上低社交，甚至无社交的局面，观众可以以一种轻松自在的方式完成参观行为。此外，该交互模式观照了用户的个性化需求，引导观众从多个方面了解展品，丰富了用户的体验。这种越来越"移动化""社交化""人性化"和"多元化"的方式，彻底颠覆了传统的观展方式。

尽管数字化下的博物馆交互设计有着超越传统展览形式的优势，当前的博物馆交互依然存在诸如交互程度低、场景

---

1 参见［美］阿尔文·托夫勒《未来的冲击》，孟广均等译，新华出版社1996年版，第209页。

构建有待优化等需要改善的地方。[1]因此，应优化交互设计，增强观众沉浸式体验的参与感，提高观众获取信息的黏性。此外，博物馆应完善交互场景设计，丰富交互数据库信息储备，以更丰富多元的场景构建用户的沉浸式体验。此外，充分发挥数字化技术的优势，完善博物馆叙事方式，将文物信息以多元的方式进行传递也是博物馆交互设计的优化方向。

五、数字化展览存在的问题及建议

处于完善阶段的博物馆展览数字化尚有可优化的空间，以基于虚拟现实技术的数字化博物馆为例，其在实际应用中尚存在一些需要优化的问题。

首先，虚拟现实技术的实现是基于技术人员对交互装置进行设置的基础上，观众需要借助设备才能完成数字博物馆的沉浸式体验，但由于机器在设置时出现的不符合人体运动学的要求，造成观众在体验时产生眩晕感，这主要是由虚拟景象和观众动作的冲突引起的，或是观众在虚拟的立体场景

---

1 参见周凯、杨婧言《数字文化消费中的沉浸式传播研究——以数字化博物馆为例》，《江苏社会科学》2021 年第 5 期。

中无法找到参照物等情况而造成的。[1]为了降低甚至消除机器设置带来的眩晕感，需要技术人员对机器不断地革新和试验，找到适合绝大多数观众的机器设置模式。

其次，虚拟现实技术创造的展览环境是建立在对真实环境或是虚拟环境的模拟创建基础上的，它的实现依赖多种传感设备，这就造成观众感官体验的不真实性、无法获得纯粹的沉浸式感觉。这种情况主要是虚拟现实技术自身的科技性造成的，虚拟现实创作的场景和体验与现实世界的亲身体验尚存在差异。

总之，在新媒体语境下，信息传播方式发生了前所未有的改变，让博物馆文物展示充满挑战与契机。数字化展览的形式突破了传统的展陈空间，打破了线下展览作为藏品展示的唯一选择，展览空间更加丰富多元。数字化技术的发展让博物馆展览从内容到形式都有了突飞猛进的发展，也使得博物馆从"以物"为主的单向展示形式逐渐过渡到"以人"为主的双向互动展示。通过数字化展陈技术的应用，参观者可以更全面、更生动、更立体、更方便地了解文物细节，同时能够沉浸式、多样化地学习文化知识，并获得丰富的互动参

---

1 参见王梅、张皓瑜《基于虚拟现实技术的数字化博物馆展陈设计与用户体验研究》，《河南科技》2020 年第 17 期。

观体验。数字展陈形式的设备、环境、空间、内容都不是孤立存在的，而是根据展览主题、传达信息需求有效组合达到展陈目的，从而实现博物馆公共教育功能。[1]博物馆数字展陈应该充分结合自身语境与脉络，借助多种数字展陈设备，使博物馆环境、展品、馆藏文物的文化艺术价值互生互促、交融呈现。未来，随着科技进步与移动互联网的加速发展，博物馆也将在时代浪潮中不断变革与迭代，借助更先进的数字化展览设备，创造更多展览形式，吸引更多的参观者走进博物馆，走进悠悠历史与浩瀚的中华文明之中。

---

1 参见李敬玲《博物馆展览中数字化展陈的应用》，《卷宗》2020 年第 33 期。

第五章

○

博物馆的数字化教育

人们到博物馆参观，不单是为了欣赏、休闲、娱乐，越来越多的观众希望能够在博物馆里获得知识，满足精神上的深层次需求。博物馆依托丰富而独特的教育资源，扩大深化对其收藏资源的解读，使其成为提升整个民族文化素质、实现社会终身教育的理想场所。故宫博物院原院长单霁翔指出："教育是民族振兴的基石。博物馆凝聚着人类文化遗产的精华，叙述着人类历史发展的进程，展现着人类整体文明与智慧，具有独特的教育资源优势，因此，将博物馆纳入国民教育体系，推动博物馆与学校教育、社会教育的紧密结合，组成更加健全的社会教育网络，既符合世界博物馆发展潮流，是博物馆履行教育使命的需要，也是提高全民文明素质，完善我国现代国民教育体系，建设学习型社会，形成终身教育体系的必然要求。"[1]

通常来讲，狭义的博物馆教育是指在博物馆内实施的一般教育项目；广义上认为，一切源于博物馆并具有教育意义和功能的事物都可以被视为博物馆教育。当数字技术对生活生产各方面产生巨大影响的时候，作为在社会教育领域具有代表性的公共文化机构——博物馆，其教育方式也因受到数字技术的影响而获得新的发展方向，呈现出具有时代特征的景象。

一、博物馆教育的起源与发展历程

博物馆从诞生之日起，便具有教育和研究的功能。无论是国际博物馆协会对博物馆的定义还是联合国教科文组织官方网站及中国的具体实践，博物馆都始终属于文化范畴而非教育范畴，这是因为博物馆是收集藏品的首要场所，以真实的、不可再生的文化和自然遗产为核心。通过利用这些藏品，可以使观众得到教育。因此，与其他教育相比，博物馆教育具有实用性、非正式性、空间性、终身性、全民性、开

---

1 单霁翔：《博物馆的社会责任与社会教育》，《东南文化》2010 年第 6 期。

放性、丰富性和直观性等显著特点。

博物馆真正作为一种教育形式出现于 19 世纪初，与公共博物馆的创建有关，其教育方式最初是"权威教育"，但后来逐渐过渡到"学习体验"；20 世纪，与教育功能相比，博物馆更加重视收藏和研究；21 世纪，博物馆的重心又从藏品转变为"观众和教育"。可以说，博物馆教育的发展大致经历了三个阶段。

第一阶段是从 17 世纪末到 20 世纪 30 年代，博物馆教育的发轫与角色之争。17 世纪末，博物馆进入公众视野，是英国教育普及运动的产物之一，当时严重的阶级分化使英国民众希望拓展博物馆空间，弥合阶级矛盾。19 世纪，随着工业化和科技的飞速发展，分工更为细化，人们需要不断学习掌握新技能以应用到快速发展的生产中，博物馆成为工业化时代职工再教育的重要场所。很多城市举办博览会，并在此基础上建立了新的博物馆，如 1852 年成立的维多利亚与艾尔伯特博物馆，还有美国工业博物馆是在美国费城博览会基础上建成的。1851 年，英国宪章派代表大会通过了《宪章派鼓动纲领》，第三部分的"教育"内容推动博物馆向公众开放。与英国不同，美国博物馆教育从诞生之初就具有公众性，以观众尤其是移民为导向，提倡多元教育与社会融合。这一时期的博物馆教育，多是以知识权威者自居，采取

"权威教化"、开展灌输式教育，但知识系统和教学体系不及学校。

19世纪末20世纪初，随着学校体系的扩大，博物馆的教育功能得到了扩展。第一次世界大战期间，博物馆热衷于为学校提供服务，并深受这一时期学校各种教育改革的影响。19世纪末，"博物馆现代化运动"兴起，并在20世纪20年代达到顶峰，社会逐渐承认博物馆是一种社会教育机构。在美国，观众希望获取知识的方式推动了博物馆讲解的出现，美国波士顿美术博物馆于1906年起用了讲解人员，被称为"docent"，主要向观众介绍展品的名称、材质、时代背景等基本信息，受到观众的普遍好评，这一举措促使很多博物馆纷纷效仿，有的博物馆还设置专门的人员承担这项工作。1906年，美国博物馆协会提出"博物馆应成为民众的大学"。20世纪30年代，受教学理念进步的影响，博物馆教育的价值取向开始转向探究和发现，告别了过去的以灌输为主的取向。就在此时，博物馆教育开始区别于学校教育。

第二阶段是从20世纪40年代到70年代，博物馆教育的作用随着教育观念的转变而确定和发展。20世纪30年代末，第二次世界大战的爆发点燃了公众的爱国热情，博物馆进一步认识到了公共教育的责任。20世纪50年代后，美国博物馆成立教育部门，博物馆的教育角色明确，并以新的姿态积极争取观众，更加重视参与感与趣味性，这种改变在20世纪六七十年代成为主流。在此背景下，出现了大量以"开放式学校""非正式教育场所""主动探索"等术语为主体的教育理论和实践，博物馆专业教育组织成立、专业研究课程创设。

第三阶段是从20世纪80年代至今，从"教"到"学"、从"物"到"人"促使博物馆教育转变。20世纪八九十年代，英国、美国先后将博物馆教育专业化，博物馆教育从"教"向"学"转变，同时强调以人为中心的"体验""参加"和"参与"等。由于学习研究、多元体验、消费主义和后现代理论的影响，学习和体验已经成为热门词汇，此时的博物馆注重以人为中心的博物馆学习体验教育，强调观众与博物馆元素的互动，创造多样化的学习场景。基于此，许多学者提出并讨论了诸如"参与式""探究式""互动式""沉浸式""对话与交流式""自我导向式""自主式"等学习模式，其中的代表是以观众为主导，倡导积极体验的博物馆教育。

博物馆教育的发展过程表明，历史背景和社会环境是影响博物馆教育的关键因素，它的教育功能随着人们认知水平的提高不断被认识和强化。自20世纪80年代以来，教育生态学的诞生促使博物馆等非正规教育机构积极探索其与教育生态系统的关系及其功能与利用，可以说在21世纪，博物馆已成为人们不可或缺的终身学习的场所，担当着无可替代的教育职能，是进行自主性学习的最佳场所，其宽敞的展厅、丰富的展品和研究资料、多种形式的互动设施，都能够为公众提供自主学习的环境。同时，"博物"二字中代表着博物馆里包罗万象的藏品，藏品与辅助展览模型、场景、互动设施、实验设备等共同构成了博物馆独特的实物学习资源，使博物馆教育成为学校教育的有益补充，其实施的社会教育与学校教育相辅相成、相得益彰，是社会教育的重要机构之一。国家文物局的数据表明，2021 年我国博物馆举办各类展览 3.6 万场，开展丰富多彩的教育活动 32.3 万场，接待游客超 7.79 亿人次，成为最大的校外教育体系，反映出社会终身教育和终身学习的发展水平。

在数字技术时代，技术改变了人们获取信息的方式，创造了一个虚拟与现实相融合的社会环境，人类教育的时代主题在这一环境中发生了转变，对博物馆教育的各个方面产生了深远影响。在时代特征与教育理念发生变化的今天，作为公共文化机构，博物馆正在持续、主动调整自身以适应时代，不断扩展到社会领域，与学校、社区和其他教育机构广泛合作，并借助数字技术探索出更加多元、生动的博物馆数字教育模式。

二、现阶段博物馆教育的常规形式

目前，我国博物馆越来越注重教育形式和内容的共同发展。这一阶段的博物馆教育主要包括陈列展览教育、讲解教育和出版物、专家专题讲座、研学考察及活动课程、情景互动演绎等。

（一）陈列展览教育

藏品是博物馆的核心，藏品的陈列展览是博物馆教育的基础及重要组成部分，也是博物馆教育的基本形式，一般而言，博物馆基本陈列是相对固定的，但通过常换常新、生动活泼的临时展览及博物馆间的定期展品互借的特展，实现展览主题多样化，教育范围全面化。随着技术的发展和数字时代的到来，博物馆在展览中逐渐增加了声、光、电等多媒体展示形式，丰富了展览的教育形式，通过生动、灵活、立体的方法激发观众的兴趣，满足观众需求，深入浅出地向观众普及知识。

（二）讲解教育和出版物

讲解是博物馆进行教育、传授知识的主要方式。观众通过讲解员提供的灵活、人性化的讲解服务，了解博物馆相关藏品，在聆听讲解的过程中通过提问答疑，拓展知识深度与广度。同时，博物馆根据馆藏文物、特展主题等，出版相关书籍、画册、文创产品等，使观众能以文物为基点，拓展了解相关信息并购买相应文化产品以供收藏、保存和研究。

（三）专家专题讲座

博物馆作为某一领域的专业研究机构，不仅拥有大量的文物，而且拥有研究该领域的专家学者资源。他们在某一领域的学术研究中具有权威性的话语权。博物馆根据藏品展览，定期或不定期邀请专家学者为观众进行学术讲座也是博物馆教育的重要形式。但该教育形式只是博物馆讲解的深层次延伸，依然采取讲授模式，特别是专家学者的学术知识与专业术语，对观众来说提出了较高的接受理解要求，且学者在将专业知识转化为观众感兴趣的信息时存在转化问题，为该教育形式带来一定的局限性。

（四）研学考察及活动课程

研学活动是博物馆以展览为基点延展出的考察学习活动，主要根据博物馆的展览内容，选择考古发现地和与博物馆文物相关的活动地点作为参观学习地点。例如，上海中国航海博物馆以馆内展示的独木舟为基础，开发了杭州萧山跨湖大桥遗址之旅；此外，博物馆与学校开展"馆校合作"，学校将博物馆作为研学旅行的重要阵地，学生通过探索、动手操作、幻想、闯关、互动等形式积极主动学习，并邀请校内外教育工作者参访，如中国美术馆"教育师资培训"，使博物馆教育与学校教育形成了互补。同时，部分博物馆也会结合自身定位及展品策划开展面向大众的工作坊或课程，采用体验的教育方式加深观众对知识及技能的掌握，如广东省博物馆推出的"妙手撷芳——中国传统花艺体验课"是专为成人观众策划的艺术工作坊[1]；针对特殊人群开展的公益活动，如环卫职工的子女、打工子弟学校的学生、自闭症孩子等，邀请他们到博物馆空间中体验，在新空间体验精心策划的课程与活动。[2]

（五）情景互动演绎

情景互动类教育是近期我国博物馆开发的热点，以此衍生出情景讲解、情景剧等。该类型以博物馆里的专业课题为表演主题，讲解员扮演角色，将知识演绎出来。[3] 这种类型的

---

1 参见郑莉《我国博物馆成人教育若干问题的探讨》，《文博学刊》2020 年第 4 期。

2 参见鲍丽娟《新形势下的博物馆教育》，《美术馆》2020 年第 4 期。

3 参见黄沛《博物馆教育形式开发浅析》，《大众文艺》2013 年第 12 期。

活动在国外博物馆相对成熟，但对博物馆工作人员的要求很高，且绘声绘色的表演对大多数讲解员而言比较困难。

三、当前博物馆数字化教育的创新模式

在数字经济发展趋势下，博物馆迎来了重大发展机遇，借助大数据、人工智能、移动互联网、云计算、5G 通信等新型技术，扩展了博物馆传统意义上收藏、展出、教育的内涵，丰富了博物馆作为文化研究、传播、教育机构的角色。美国博物馆协会在题为《新世纪博物馆》的报告中指出：如果收藏是博物馆的心脏，那么教育就是博物馆的精神——教育能够使展示的作品与作者思想以一种传递信息及富于启发性的方式呈现出来。[1]

在数字时代，博物馆获得了一种不同于传统实体博物馆的数字存在形式，它大致包括两类，第一类是数字博物馆，第二类是博物馆的数字化。二者的根本区别在于，数字博物馆完全建立在虚拟空间中，使用虚拟藏品，举办虚拟的展览，如故宫博物院的端门数字馆；博物馆的数字化则是建立在实体博物馆及其实物藏品和展览的基础上，尽管其中包含

---

1 参见鲍丽娟《新形势下的博物馆教育》，《美术馆》2020 年第 4 期。

一些虚拟空间，但它们与物理空间物品等保持着密切的内生联系。可以说，是物理空间在虚拟空间的延伸，或者是借助虚拟技术加强并拓展与现实的联系，在一定程度上，它再现了实体博物馆，增强了实体博物馆的展览体验。博物馆教育也建立在博物馆数字化的基础上，得到不同形式的呈现与延展，即博物馆教育的数字形态加速影响了教育模式的转变。

（一）数字藏品拓展教育物理空间

博物馆数字资源的本体源于馆藏文物，利用相机、扫描仪等数字设备对博物馆馆藏文物进行采集，即获得了博物馆的图片、文本、声音、视频等素材为主的数字资源。数字藏品本质上是数字资源的收藏，不仅包括实物收藏品的信息，还包括与收藏品相关的具有教育研究和欣赏价值的数字内容。同时，博物馆展品数字化后，成为公众可以传播、学习和利用的在线资源。这些都使得观众不受时空限制借助数字藏品获得知识，同时以便宜的价格拥有藏品收藏权，或者长久保存、观赏的机会，打破了传统上必须到博物馆这种物理空间才能欣赏藏品、获得文化知识的限制，拓展了以藏品为依托普及文化教育的范围。例如，荷兰国立博物馆有个专门鼓励用户建立属于自身典藏展的项目，用户可以较容易地保存、下载博物馆的图像，并自行对图像进行二次创作，分享到博物馆平台。该博物馆还专门设立奖项组织评选，获奖者将有机会在博物馆展示自己的作品。

（二）新媒体平台延展教育内容

新媒体平台日益成为各类博物馆的辅助或主流传播形式，形成了以官方网站为权威，以微博、微信公众号、客户端和 App 为主的"两微一端一网"新媒体宣传阵地，同时博物馆的新媒体宣传矩阵也根据节日、主题等，与社会机构、学校新媒体平台矩阵形成广泛合作，在宣传展览或藏品的同时也对观众进行了多渠道的教育，延展了博物馆的教育途径。

此外，新媒体平台介入下的传播内容使教育形式更加灵活，教育内容更加精美细致。在传统博物馆展览教育中，只能通过传统媒体宣传展览内容，其内容是以单次宣传为主，且受到成本、时间、版面、预算等限制；而新媒体平台可以多频次、高质量地宣传展览或藏品，在宣传的同时也将博物馆文化内容深层次多角度地传递给观众，使其接受持续的、更深入的教育。同时，以微信、微博为途径，配合抖音、快手等短视频平台进行宣传，实现了博物馆教育的直观、生动、灵活、方便。

近年来，博物馆更是通过新媒体技术开发自身的应用程序，它的互动性、开放性和参与性也使教育者和学习者之间的交流更加平等，给观众留下了深刻印象。如故宫博物院出品的胤禛美人图、紫禁城祥瑞、韩熙载夜宴图 App，均以所藏文物为核心，以相关学术研究成果为支撑，与语音、文字、视频等多媒体信息巧妙自然地融合在一起。在欣赏和学习的基础上，增加了更多的互动体验和趣味性，有助于受教育者深入理解文物的内涵，吸收各种文化知识，使人们借助碎片化的时间在快节奏的时代获得教育。例如，故宫博物院推出的每日故宫 iOS 和 Android 版手机应用程序从 180 多万件藏品中精心挑选，每天推出一件馆藏珍品。观众打开应用程序，故宫的珍宝似乎触手可及。一些文物中也有详细的传统工艺和背景介绍，使其介绍更加生动和充满活力。同时，每日故宫采用日历格式，也是一本清新优雅的笔记本，可以随时记录自己的心情和学习心得。这是利用新媒体技术将文化遗产融入当代生活的一次探索，也是博物馆开展公众教育和文化普及的一次新尝试。

（三）数字技术丰富展教形式

数字技术带来了全新的博物馆教育内容，同时改变了传统博物馆教育单向输出、以物为主的教育形式，使其不断演变成为以人的需求为主且具有泛时空性、双向交互性、开放性的教育形式。

视频、投影、虚拟现实、语音等多媒体技术构建了更丰富的博物馆知识体系，使博物馆教育的形式更加多样。新媒体技术与传统实体展示形式相结合，让观众获得传统实物配图说明文字形式中所无法呈现的展品文化内涵及历史沿革等海量教育信息，并获得超越时空的参与体验。例如，博物馆通过播放视频、影片、动画等多媒体形式，从不同角度呈现多元信息，在利用高质量的视频文件传达教育信息的同时，也向学习者传达自己的美学和技术信息；巨幕投影技术使大型主题展内容呈现更丰富、视觉冲击更强、分辨率更清晰、观众沉浸感更强，使受教育者能充分感受到文物自身的艺术氛围；AR、VR 技术支持的系统让展览更具互动性，观众可以通过 VR 进行感知和观看，AR 技术有效地结合了现实和虚拟，通过藏品周围叠加的数字图片、在线学习资料与藏品学术信息，丰富了信息来源，提升了学习体验，有效提高了参观质量，加深了观众与收藏的互动；数字技术触摸屏设备、多点触摸控制台、互动墙等，都给参观者与展览中的教育材料的交互方式带来了变革。此外，根据自主开发的增强现实的图书，能够使观众借助手机识别图片上的标记观看虚拟的三维场景，享受虚实结合的立体阅读体验，融入人文遗产和藏品的教育环境中。

近年来，随着通信技术、移动互联技术、智能终端的进化，元宇宙概念的热潮，NFT（非同质化代币）理念的落地应用，博物馆教育形式正在从数字化走向深度数字化，正式迈向4.0时代。2022年7月，中国国家博物馆启用虚拟数智人"艾雯雯"进行智慧导览，引起了业界的强烈反响。2022年6月，中央广播电视总台推出的《三星堆奇幻之旅》依托三星堆大量考古发掘成果和云端即时渲染技术，通过文物全景复原、游戏交互场景搭建、三维角色渲染等设计手法，打造出我国首个大型沉浸式数字交互空间。三星堆奇幻空间实现了传统电视的"破屏"和"破圈"，观众只需要通过一个小小二维码就能"钻"到屏幕里亲临三星堆考古发掘现场，开启探秘古蜀奇幻之旅。同时，得益于大规模即时云渲染技术提供的图形算力和存储空间，观众能够多人同时进入画面里，从传统线性视频流单向传播给观众，变为双向可交互的传播，实现了"千人千面"。不同观众登录，会获得不同的内容体验，而"云游"的观众能自主选择交互剧情，文博与科技相遇在"元宇宙"，迈入更彻底的交互内容时代，提供跨越时空的双向教育体验。

（四）互联网革新远程教育方式

随着5G时代到来，博物馆展陈逐渐把虚拟现实技术与计算机技术、网络技术相结合，为公众提供了公开的互联网展陈及教育渠道，在革新展览形式的同时，创造了新型教育方式。博物院运用新媒体技术和移动技术实现了不受时空限制向公众提供教育，大体包括两种形式：一是博物馆网页或应用程序。目前大多数博物馆都开发使用此种形式，在疫情期间及疫情之后，很多博物馆推出了线上展览，公众能够很容易接入无线网，通过网页或应用程序，获得内容丰富、具有审美趣味体验的学习内容。如中国国家博物馆利用网络资源，与观众建立新型链接方式，在云端与观众继续保持互动，很多博物馆也相继发布了线上数字看展和浏览藏品的渠道。二是有人教学的实时互动的在线教育方式。例如，一些博物馆通过跨媒体研发和投入人力物力，打造了线上艺术课程，体现了当代博物馆对公众的教育责任，也是大多数博物馆的积极实践。

博物馆的教育方式逐渐演变为线上线下混合教学，改变了之前观众必须到场馆、面对实物藏品、由讲解员主导的面对面教育，而是将教育资源和学习项目放在互联网上，让公众能够独立搜索和学习，公众可以借助网络，包括数字博物馆、微博、网站、手机等实现云参观，参与云课堂，聆听云讲解，受众突破了时空局限，在感受虚拟展览的同时，得到更加深度的知识教育与更灵活的交互形式。如苏州博物馆

"再造·云课堂"，是整合了展览、展品、文创、社教等多种内容的全新尝试，构建出趣味性强、易于传播、全民参与的"动手、动眼、动听、动心"综合美育云课程平台。[1] 新冠疫情期间，全国已有 1300 余家博物馆通过官方网站、微博、微信发布线上展览 2000 余项，总浏览量超过 50 亿人次。[2] 疫情又加快了博物馆教育资源数字化进程，互联网上的博物馆教育项目形式更为多样，既有传统的展览、专家讲座、学习资料等项目，也有鼓励学习者参与的探究性项目，学习者成为学习活动的主体。[3]

数据显示，截至 2021 年 9 月，中国移动互联网月活跃用户已经达到 11.67 亿，占总人口的八成多，移动上网已经成为新常态。随着移动互联网时代的到来，在"云计算""互联网思维""互联网 +"和"大数据"等概念的驱动下，数字博物馆正在从原来的电脑屏幕向"口袋"移动。利用移动互联网技术的博物馆 App 通常基于大量的教育资源，观众可以

---

1 参见茅艳《基于聚合媒体的博物馆线上服务创新与实践——以苏州博物馆"再造·云课堂"为例》，《东南文化》2020 年第 4 期。

2 参见刘玉珠在国际博物馆日活动开幕式上的讲话，2020 年 5 月 18 日，人民网。

3 参见宋向光《"后疫情时代"博物馆教育：新理念和新疆域》，《文博学刊》2021 年第 4 期。

使用手机和平板电脑等智能终端浏览和了解博物馆内外的信息，还可以通过微博、微信等平台发布信息，推动了教育资源的交互共享。

四、博物馆数字化教育的意义和价值

联合国教科文组织发布的《共同重新构想我们的未来：一种新的教育社会契约》中指出：以数字技术为代表的颠覆性技术，将为教育带来重大影响。

数字技术正推动教育理念的变革，即"创新型教育生态系统"：强调学习者应该与学习而非学校有关，更加重视学生的自主性与能动性，能够自我激发和自我引导；学习环境不仅发生在以学校为主的正式环境中，也广泛、持续发生在非正式环境中，如家庭、社区、公共文化机构等多种学习环境，学习途径也应当多样化，除了课堂，还可以有非正式教育机构提供的讲座、活动、社会实践及网络等。在新时代教育理念的影响下，数字技术为博物馆教育提供了更加贴合时代需求的教育形式，通过藏品数字化信息的整理与再创作打破物理教育空间、多媒体技术及虚拟现实等技术丰富教育形式、新媒体平台开拓多种教育渠道、互联网应用革新远程教育方式等新型教育形式，使博物馆教育从以教授、展出为主的单向输出模式转向以多元、体验、娱乐为主的多向互动模式，从而推动博物馆教育更加贴近时代的教育需求，教育逐渐从"以教授为中心"转向"以学习为中心"，教育机构从"教授者"转变为"创造和提供多样化学习平台的服务者"，学习环境从单一的场馆学习变成网络、场馆虚实结合的多样化学习环境，构建出博物馆更加丰富、立体、便捷的教育生态系统。

（一）数字化教育打破时空限制

博物馆教育中使用的新媒体技术和移动技术可以随时随地为公众提供教育项目，同时不受时空限制地接纳任何学习者进入教育项目，突破了传统博物馆教育受制于时空场馆约束的局限性。这种开展和接受教育的时空不受限制，使公众借助网络，能够随时随地与博物馆教育项目、社交平台相连接，获得内容丰富、层次多元、具有审美趣味的博物馆学习经验。

（二）数字化教育形式多元互动

基于数字技术的交互式多媒体在博物馆教育中的使用，实现了人与物、人与人之间的深度交互，打破了传统的博物馆教育单向输出模式。例如虚拟现实技术结合了学习者在真实世界和虚拟世界中的体验，在参观实体展品的同时，借助操纵虚拟对象，实现人与物深度交互，加深受教育者的学习感受。此外，数字技术还解决了传统博物馆教育方式中教育者和受教育者之间交互途径单一的问题，通过提供多样化的互动渠道，如各种社交媒体平台、在线社区、博物馆网站等，教育者与受教育者之间及各种受教育者之间形成双向互动，实现更实时的沟通和交流，实现了人与人之间的深度交互。

（三）数字化教育内容共享开放

数字技术使博物馆教育方式更具开放性，与先前注重信息传递相比，数字技术更加注重信息的开放。博物馆通过数字藏品、网络信息、远程课程等方式开放更多的内容，让知识信息无处不在，为受教育者提供了更多的知识共享机会，并用多种形式鼓励教育者更广泛、开放地分享专业成果，这将使受教育者能够获得更全面的信息。

总体而言，数字技术对博物馆教育的影响并没有改变博物馆的本质，它们仍然是公共文化机构。然而，数字技术促使博物馆呈现多样化的社会角色，并促进博物馆与公众之间更密切的关系。在数字化技术的推动下，博物馆教育功能发挥作用的途径和形式日趋多样化，能够突破时空限制，构建更丰富、多感官维度的博物馆知识体系，向公众提供更广泛、自由、互动的学习模式。博物馆的藏品和展览在数字技术的支撑下，能够诠释和表现得更加全面立体，数字藏品突破了实物藏品的物理性质面向更广泛的公众，多媒体技术、虚拟现实技术则使展览形式更具趣味性、生动性、形象性，增强了公众与藏品、环境的互动性。在博物馆教育的内涵上，数字技术强化并升华了其本质特征；在博物馆教育的外延上，数字技术对博物馆教育的基本要素均予以拓展，使博物馆教育更具时代特性。[1]

---

[1] 参见张丽《数字化时代中国博物馆教育发展研究》，博士学位论文，华中师范大学，2015年。

第六章 ○

博物馆的数字化传播

随着大众传媒时代的到来，博物馆虽然不是媒介组织，但是其文化传播的功能已经得以凸显。传播功能作为博物馆一个重要的社会功能，传播途径和传播形式始终处于动态变化之中。首先，在数字化时代，公众的思维、接受、行为方式都发生了改变，如果博物馆无视这些变化，仍然固守之前的传统展示和宣传的方式，既不能达到预想的传播效果，也会逐渐弱化其在公众心中的影响力。其次，各个博物馆都在探索数字化展陈模式的背景下，如何利用新媒体技术创新性地进行展示，也是不容忽视的。在"互联网＋"深入发展之下，更新迭代了博物馆的传播方式，以微信、微博、官方客户端等为代表的新媒体平台成为博物馆文化传播和教育宣传的新阵地；以社区营造为核心的博物馆建设，将大众对博物馆的吸引力转化为大众对文物藏品保护发展的凝聚力；博物馆 IP 化探索了数字时代博物馆与其他产业融合的纵深发展实践；新媒体平台、社区营造、博物馆 IP 化均从不同角度提升了博物馆的传播效应，塑造了博物馆文化品牌，强化了博物馆与公众、社会的关系。

一、新媒体平台成为博物馆宣传新阵地

互联网兴起之前，报纸、杂志、广播、电视四大传统媒体是博物馆主要的传播途径，在互联网的快速发展下，相较于传统媒体而言的第五媒体"新媒体"顺势产生。1990 年，美国率先启动了"美国记忆"（American Memory）计划，该计划系统地将美国国会图书馆的藏品数字化。随后，大英博物馆、法国卢浮宫博物馆等大型博物馆开始将博物馆数字化，建立博物馆网站和虚拟博物馆，实现了博物馆网络化推广。

目前，在学界尚未形成关于新媒体的统一定论。美国哥伦比亚一家技术研究机构的负责人在一份项目提案中首次提到了新媒体的概念，尽管新媒体已经逐渐渗透到生活的各个方面，但什么是新媒体没有形成共识性的概念。清华大学熊

澄宇教授认为，新媒体是一个不断变化的概念，包括有线网络和无线网络形式。喻国明教授认为新媒体主要指一种多对多的传播方式，所有具有这种性质的传播媒介都可以认为是新媒介。匡文波教授指出新媒体代表的是一种相对的概念，它是相较于传统媒体的一种新媒体形态，是和旧媒体对比之下产生的一种时间性概念。[1]

无论是哪种定义，新媒体都是一种有别于传统媒体的宣传方式，在博物馆宣传中有着积极的作用。与传统媒体不同，新媒体使用数字技术、移动技术、网络技术，通过网络、无线通信等方式及手机、电脑等终端，实现了多对多的宣传，信息展现形态更加多元、宣传形式更加多样、传播优势更加明显，更能体现博物馆的宣传功能。不过，博物馆在数字化平台运营上尚存在可优化界面、优化内容、丰富数字化手段等需要精进的地方。

（一）新媒体平台在博物馆宣传工作中的传播途径

"互联网＋"下，网络媒体宣传平台应运而生，博物馆宣传平台形成了以官方网站为权威，以微博、微信公众号平

---

1 参见高红《新媒体环境下博物馆信息传播模式创新》，《文物世界》2019年第2期。

台、客户端 App 为主的"两微一端一网"新媒体宣传阵地，以及新媒体视频宣传方式。"两微一端一网"指的是依托微信公众号、微博、客户端、官网等平台，并由此生发的博物馆常态化运营。高质量的博物馆新媒体平台宣传可以吸引到大量的受众，同时借助网络的互动性，将提高博物馆的宣传教育功能，增强和受众的联结和互动，有助于揉升博物馆的影响力。

官方网站是博物馆最早采用新媒体进行信息宣传的基本形式，与社交媒体、视频媒体、客户端和 App 相比，博物馆官方网站居于权威地位，具有信息覆盖面广、数据容量大的特点。[1] 在语言设置上，官网以简体中文为主，以繁体中文及英文为辅，便于国内外受众查询信息。在板块设置上，呈现以博物馆历史发展、地位、机构设置等信息作为头条，以陈列展览、馆藏文物、学术交流、社会教育、文创等信息位于之后的展示方式。在信息容量上，观众看到的不只是藏品的图文信息，还包括基于多媒体技术、数据库检索技术、超链接技术的综合信息，为浏览者提供全面、立体的信息。网站上所传达的信息不单纯是简单的"告知"，还有对文化遗产

---

1 参见臧志晗、吕军《博物馆新媒体信息传播现状浅析》，《中国港口》2018年增刊第 2 期。

价值进行的评估和详细解读，对公众进行的文化遗产保护的宣传和教育，提示人们产生合理的行为反应，体现了社会引导和协调的功能。[1]

随着媒体技术的发展，微信公众号、微博、App 等新媒体逐渐成为媒体推广的主要渠道。越来越多的人依赖移动平台获取信息，一些博物馆充分利用移动平台的优势，为博物馆观众提供资讯、服务，和观众实现交互。以湖北省博物馆为例，2011 年湖北省博物馆在新浪、腾讯微博新媒体宣传平台开设"趣味展览""文物拟人""每天一物"等板块，以互联网思维介绍馆藏文物和展览信息，开通仅 3 个月就吸引到 5 万余人的关注，1000 多条微博获得 57000 多次转发量和 22700 余条评论，并获得新浪微博颁发的 2011 年度"微中见博"奖。[2] 故宫博物院开通新媒体平台后，逐渐形成"多点开花"的宣传途径。以官方微博和微信公众号为首，同时开发包括胤禛美人图、紫禁城祥瑞、皇帝的一天、韩熙载夜宴图、每日故宫、清代皇帝服饰六个不同主题的 App，配合官方网站平台及《上新了·故宫》等新媒体视频，共同组成

---

1 参见金瑞国《数字博物馆的传播学研究》，《文博》2010 年第 4 期。

2 参见连红《新媒体时代博物馆的文化传播研究》，《传播力研究》2018 年第 27 期。

故宫博物院新媒体宣传平台，以图文、视频等形式，在内容上各有侧重地发布故宫博物院动态、宣传文物、展览咨询信息。多途径的新媒体宣传方式，在提升故宫博物院曝光度的同时，强化了故宫博物院的文化教育功能，扩大了信息共享范围，增强了和受众的互动沟通，拉近了和受众的距离。这种"微传播"让双向互动变得容易：一方面，传播者可以清晰地注意到内容被关注、被评论、被转发的数据，有助于分析传播规律，为内容策划提供依据；另一方面，故宫博物院也摆脱了"不接地气"的形象。

在手机端安装博物馆客户端和 App 也是博物馆借助新媒体进行宣传的一种方式。客户端和 App 一般包括一对多、一对一等形式，如以云观博、中国博物馆联盟为代表的客户端和 App 即是一个应用程序下包含多家博物馆展藏信息的软件；以每日故宫、故宫展览、辽宁博物馆为代表的客户端和 App 聚焦一家博物馆的动态。在功能上，则可分为藏品介绍型、导览讲解型、互动游戏型三种形式。[1] 无论是网站、微博、微信公众号还是 App，都汇集了大量观众学习文博知识的活动数据，在大数据时代这些新媒体平台的传播效果是可以检

---

1 参见臧志晗、吕军《博物馆新媒体信息传播现状浅析》，《中国港口》2018年增刊第 2 期。

测的。这些数据的意义不在于可以被掌握，而在于从数据中能够提取意义，发现隐藏的模式与可能的关系能力。[1] 也就是说，透过这些数据，可以分析出人类信息传播、人际交往和群体互动等社会规律，并可用于定向精准传播或广告营销。

此外，以网络直播和综艺、纪录片等为主的新媒体视频形式，以视频的形式展开博物馆宣传[2]，如《国家宝藏》《如果国宝会说话》等综艺节目和纪录片推出后，在社会上引起了很大的关注，许多受众因此对博物馆产生兴趣或是想到博物馆现场参观，这对博物馆的内容宣传、形象提升起到了积极的作用。

（二）新媒体平台在博物馆宣传工作中的传播优势

与传统媒体相比，新媒体参与下的博物馆宣传工作更新了宣传形式、宣传内容，突破了时间和空间的界限，提升了宣传的时效性，受众体验感得到了优化。

新媒体平台介入下的博物馆信息传播的形式更加灵活多元，内容发布成倍数效应且宣传角度更加多元，内容更加细

---

1 参见喻国明、王斌、李彪、杨雅《传播学研究：大数据时代的新范式》，《新闻记者》2013 年第 6 期。

2 参见臧志晗、吕军《博物馆新媒体信息传播现状浅析》，《中国港口》2018 年增刊第 2 期。

致。传统媒体传播下，展板、报纸书刊等传播信息时只能以图文形式出现，无法结合视频形式，广播无法做到图文形式，电视无法做到同时容纳图文加视频的传播；以微信公众号、微博为途径，在发布博物馆信息时可采取图文形式，或图文和视频结合的多媒体形式，实现博物馆信息的跨媒体传播，内容宣传更加灵活。此外，传统媒体囿于版面有限、电视及广播受时长限制，限制了宣传内容的丰富性。在新媒体的参与下，可通过多次发布、单次聚焦一点，或是长图文、长视频等形式解决问题。

新媒体平台宣传的突出特点是时效性强、受众参与性和互动性高。传统媒体在发布信息后，如出现内容疏漏错误等情况，需要重新刊发宣传，而且和受众互动比较弱。采用微信公众号、微博或官网宣发信息后，如果出现错误，可以实现实时修改、同步更新，无须重新推送。此外，受众也可就宣传内容提出疑问、在留言区留言，博物馆可以及时解答回复，受众体验感明显好于传统媒体的宣传。

博物馆运用新媒体宣传也具有消除时间和空间界限的特点，延长宣传留存时间、扩展宣传范围。有研究者指出："相对于旧媒体，新媒体的第一个特点是它的消解力量——消解传统媒体（电视、广播、报纸、通信）之间的边界，消解国家之间、社群之间、产业之间的边界，消解信息发送者与接收者之间的边界等等。"[1] 博物馆在微信公众号、微博等平台上传信息或发布视频后，只要博物馆不主动删除宣传内容，受众可以在任何时间、任何地点查找历史信息，破除了传统媒体如报纸需要收藏纸质文件才能留存信息的弊端，打破了博物馆只在本地报纸或电视上刊登信息，导致其他地区受众无法看到的地域界限。因此，和传统媒体相比，新媒体具有更好的跨时间、跨地域的特点，方便海量数据信息的储存和共享。

特别是新冠疫情暴发后，随着博物馆关闭线下参观，新媒体平台成为博物馆首选的传播知识和文化的工具。数据显示，截至 2020 年 2 月，中国的移动互联网用户已经达到 10.8 亿。《2022 年全球数字概览报告》显示，截至 2022 年 1 月，全球社交媒体用户超过 46.2 亿，相当于全球总人口的 58.4%。社交媒体成为人们实现沟通的重要平台。博物馆借助新媒体平台开展了多样化探索，包括直播、线上展、博物馆馆长 / 策展人访谈节目、寻宝活动、快闪及闯关测试等。国外博物馆在疫情期间主要依托的社交媒体平台包括脸书（Facebook）、推特（Twitter）和照片墙（Instagram）等；国

---

1 马瑞：《有效的品牌传播：关于品牌传播效率问题的研究》，吉林大学出版社 2007 年版，第 331 页。

内博物馆主要依托的社交媒体平台包括抖音、快手、B站、微信公众号、头条号、微博等。博物馆借助新媒体平台的传播战略显示出强大的引流和吸粉能力。例如，北京时间2020年2月15日晚大英博物馆在国内网络平台通过直播的形式，让国内百万观众足不出户就享用英国的文化大餐。故宫博物院在2020年清明小长假的直播活动，总浏览量超过4.3亿，其中总播放量约1.9亿，话题讨论总量约2.4亿，故宫直播相关话题连续两天登上微博、抖音的全国热搜榜，微博平台上的"故宫2020年首次直播""故宫的花开了"等话题讨论量约1.84亿。[1] 2020年2月20—22日由国家文物局指导，抖音联合中国国家博物馆、敦煌研究院、南京博物院等九家博物院博物馆推出"在家云游博物馆"直播活动，累计播放量超过3亿次。

（三）新媒体平台在博物馆宣传工作中的传播效果

新媒体平台参与的博物馆传播，扩大了博物馆受众，有利于实现博物馆的文化传承和教育传播功能，间接提高了博物馆的经济效益。

---

1 参见李红《"直播+博物馆"发展模式文化价值研究——以故宫博物院2020年清明小长假首次网络直播为例》,《新媒体研究》2020年第6期。

在新媒体平台参与博物馆推广的情况下，博物馆逐渐从以传播者为中心向以受众为中心转变，形成以用户为导向的宣传，扩大了受众面，吸引到更多对博物馆文化感兴趣的群体。以用户为导向的新媒体宣传，在聚焦看得见的受众的同时，也吸引到了"看不见的受众"了解博物馆，看得见的受众多为长期关注博物馆动态的人群，在新媒体传播下，以往不关注博物馆动态或关注较少的人群有了获取信息的途径，成为博物馆宣传工作中"看不见的受众"。

在新媒体参与宣传工作下，作为博物馆主要职责之一的教育功能更好地凸显出来。博物馆不仅是收藏、研究、展览文物藏品的机构，也是传播文化教育的机构，在"以人为本"的理念下，博物馆关注的中心从"物"向"人"转变[1]，教育功能逐渐凸显。微信公众号、微博、官网、客户端等新媒平台成为受众线上获取文博信息的重要途径，博物馆更新信息后，受众可以随时随地获取相关动态，丰富了受众的线下时光，解决了部分受众因时间空间等原因无法线下参观的问题。此外，新媒体平台还有助于提升儿童教育。[2]

---

1 参见赵静《论博物馆的新媒体文化传播功能》，《新闻研究导刊》2019 年第 12 期。

2 参见徐向阳《互联网时代博物馆网络媒体宣传教育创新途径研究》，《品牌》2018 年第 3 期。

新媒体参与下的博物馆传播工作，在博物馆影响力提升的同时，也巩固了博物馆自身的发展，扩大了经济效益。以故宫博物院为例，故宫博物院以官网、微信公众号、微博、客户端 App 等新媒体形式开展博物院导览，介绍博物院展藏信息等，提升了博物院的影响力。在此基础上，故宫博物院借助新媒体平台进行文创产品的营销，提升产品知名度、增强受众购买意愿。据相关资料统计，故宫博物院一年的文创产品创收额度就高达 10 亿元以上[1]，扩大了经济效益，这也得益于长期的新媒体平台宣传。

二、创新传播形式把资源禀赋转化为传播动能

近年来，博物馆除了大力发展自身新媒体平台以外，更是积极走出博物馆本身，与不同媒体平台、社会资源紧密融合，借助多方资源与渠道，融入当前社会发展。其中，与传统媒体在内容策划上进行深度结合，开拓创新的传播形式已成为时代潮流。

近年来，文博类节目亮点频出，自党的十八大以来，各

---

1 参见徐向阳《互联网时代博物馆网络媒体宣传教育创新途径研究》，《品牌》2018 年第 3 期。

方创新传播形式，推动文物合理利用，让收藏在博物馆里的文物活起来，扩大中华文化影响力，传统媒体尤其是广播电视作为主流大众媒介借助媒体平台优势，将90后、00后作为主要受众群体，与博物馆携手，纷纷选择与网络视频平台及新媒介平台相联结，跨媒介融合传播已经成为新媒介时代文艺传播的路径。[1] 广播电视和博物馆联合制作的文博节目，如《国家宝藏》《上新了·故宫》《闪耀吧！中华文明》等，综合利用综艺、纪录片等多种形式，深度解码文物，通过这些节目，建立了博物馆中的古老历史与当代社会的紧密联系，将传统文化资源与现代观众的审美情感联系起来，带领人们感受中华文明、优秀传统文化，将资源禀赋转化为传播动能，用新媒体矩阵开创出博物馆数字化的创新传播形式。

文博类节目借助娱乐化外壳构建出青年文化话语体系，如《国家宝藏》邀请流量明星作为国宝守护人，借助粉丝文化的消费趋势，吸引年轻人对节目内容的关注，实现传统文化精髓的引导传播。此外，不同的文博节目在环节设置上或多或少采用了互动游戏和主题人物的形式，涵盖了传统文化在娱乐和综艺节目中的传播，以视觉和参与式的趣味方式传

---

1 参见任晓菲《论新型文博类综艺节目对传统文化的创新性传播与转化》，《北方传媒研究》2021年第4期。

播了深厚的中华文明。此外，由于移动智能互联网的主要用户是年轻人，他们的声音大多呈现出青年亚文化的特征，如吐槽、拼贴、恶搞等表达方式。文博节目在话题设置和声音使用方面也构建了符合年轻人审美的趣味网络语言体系。例如《上新了·故宫》直接用"紫禁城里的00后"等极具戏说意味的语汇命名主题，用现代词汇和流行的网络话语解释了古代文化，有效地吸引了年轻观众的注意力，形成了话题讨论热度，产生了良好的传播效果。

优酷发布的《2022文博节目报告》显示，近8000万人次"云"逛文博，其中六成热衷文博节目。95后成文博节目的观看主力军，超六成年轻人认为，文博节目弘扬传统文化，兼具知识与趣味，是学习中华优秀传统文化和历史的窗口。[1]

三、博物馆数字化平台传播的问题与对策

博物馆的数字化运营已经取得一定的成果，同时仍存在可以优化的问题。首先，数字化运营界面存在内容冗杂、界

---

1 参见王珏等《〈人民日报〉整版！点赞中国博物馆发展》，"博物馆圈"微信公众号，2022年9月13日。

面引导不明显等问题，造成平台访客无法迅速获取内容，降低了用户体验感。[1] 其次，新技术手段在平台上的运用尚有丰富多元化的空间。当前平台在运营呈现上以图文排版为主，音频、视频、交互等多媒体形式运用少，平台在内容呈现上表现出单一、没有吸引力的问题。此外，平台信息传播效率低，造成这种现象的原因多是内容更新不及时、传播运营手段单一。

破解博物馆数字化运营问题，博物馆应以"现代、高效、开放、互动"作为更新的策略朝向。首先，优化平台界面视觉传播效果，凸显核心传达信息，剔除冗杂信息。平台设计应兼顾"面子"与"里子"，优化平台界面的排版、导航、配色等视觉要素，清晰明确地传递信息；强化平台呈现的内容，突出核心表达要素，让用户找得到、看得明白。其次，综合运用多种新技术手段，丰富用户体验。例如，引入全景技术搭建三维空间，实现用户的远程"进馆"。最后，提高运营平台内容更新频次，同步信息内容更新，让用户掌握博物馆的最新动态。

---

1 参见王建明《新媒体时代数字博物馆文化传播》，《新闻战线》2018年第4期。

四、博物馆数字化传播的效应提升策略

（一）社区营造将吸引力转化为凝聚力

借助数字化技术传播博物馆理念价值的同时，探寻博物馆与大众、数字技术和社区的关系，成为打破博物馆发展局限的方式。以公众参与的方式进行博物馆社区营造的方式，是在社区大众对本社区文化认同感的基础上，吸引大众挖掘、保护、传承社区文化，共建社区博物馆，实现从吸引大众到凝聚大众力量共建共享博物馆。

1. 博物馆社区营造的概念

2019 年的国际博物馆日以"作为文化中枢的博物馆：传统的未来"为主题开展活动，国家博物馆协会对核心词汇及其他内容进行了解释。其中，"文化中枢"代表一种博物馆功能，它是以知识为基础发挥创造力，打造一个大众共建、分享、互动的平台；另外，博物馆在当代社会中的职能继续得到关注；最后，"社区"作为高频词，是博物馆的主要工作目标。[1]

从"社区"概念的提出到社区与博物馆产生联系，这是

---

[1] 参见王思渝、王虹光《社会性下博物馆职能的渗透与后退——以史家胡同博物馆为例》，《博物院》2019 年第 5 期。

一个动态演变的过程。"社区"一词最早由德国社会学家滕尼斯在《共同体与社会：纯粹社会学的基本概念》中提出，并由美国学者罗密斯翻译为英语中的"community"，滕尼斯认为社区是"一种人口同质性较强、具有密切交往关系的、与传统乡村相连的社会共同体"[1]。1933 年，燕京大学学生将"社区"概念引入国内；费孝通将社区定义为"一定地域范围内的社会。人类是聚众成群，相互合作，共同生活的"[2]。因此，社区的概念具有一定的地域性，它是在一定范围内由一定数量的人口按照相关制度组建的机构，是有地域界限和认同感的人类生活共同体。[3]

在文博领域，博物馆与社区发展的关注点聚焦在"人"上，二者关系的重点主要体现在"和"上。[4] 妮娜·西蒙在《参与式博物馆：迈入博物馆 2.0 时代》中指出，参与式博物馆是"一个观众能够围绕其内容进行创作、分享并与他人交流的场所"。因此，博物馆的社区营造，是大众参与博物馆

---

1 ［德］斐迪南·滕尼斯：《共同体与社会：纯粹社会学的基本概念》，林荣远译，北京大学出版社 2010 年版，第 43 页。

2 周晨虹编著：《社区管理学》，华中科技大学出版社 2018 年版，第 3 页。

3 参见佐斌、何静《论社区性格》，《华中师范大学学报（人文社会科学版）》1998 年第 5 期。

4 参见李博雅《多元与包容——"和""同"语境下的博物馆与社区、社群关系审视》，《中国博物馆》2020 年第 2 期。

营建的全过程，强调大众的主观能动性和协同合作。首先，博物馆的社区营造将博物馆的参与主体从"我"上升到"我们"，"我们"包括观众、志愿者、媒体、文物捐献者和其他相关人员[1]，借助不同的参与方式和技巧串联大众，形成群体效应，实现社区营造的社交属性。其次，博物馆的社区营造是一种大众参与式的营造过程。从馆藏物品收集、整理，到策展布展，大众既是博物馆社区营造的参与者、贡献者，也是博物馆社区营造的受益人，在此过程中，博物馆和大众之间的关系变得流动起来，大众在博物馆的社区营造过程中获得更多的认同感。

2. 博物馆社区营造吸引大众共建共享社区博物馆

民众作为社区文化的创造者，社区文化的保护离不开民众的参与。[2]对居民而言，社区是他们文化知识习得的场所；对社区来说，居民承载着社区演变的记忆，二者有着密不可分的关系。社区营造下的社区博物馆作为社区集体记忆的承载实体，也承载着城市记忆，对展现社区历史风貌、现代文化面貌有着重要的意义。大众通过对社区文化资源的挖掘，

---

1 参见钟洪香、罗顺《博物馆公众参与初步探析》，《文物鉴定与鉴赏》2018年第15期。

2 参见单霁翔《探讨社区博物馆的核心理念（上）》，《北京规划建设》2011年第2期。

共建社区博物馆，展现的是大众对社区及整个城市自然环境、人文环境的理解和尊重，是一种由博物馆产生的吸引力引领群众对社区展开自发保护的行为。

社区营造活动的展开主要是基于社区群众的文化认同感及挖掘社区文化资源的动力，这是一种以社会性为导向的实践活动。在群众参与下，将名人故居和闲置空间改造为名人纪念馆、古农具文物馆、全村文化馆和工艺展示馆等展厅，共同守护地区文化特色。

除此之外，政府继续推动社区开展"文化资产守护网"计划，指导社区居民调查、收集历史资料的方法，促使博物馆推动社区的整体发展；在博物馆空间内开展文化教育，使历史文化和产业、生活多元融合，在社区参与下共同营造社区博物馆，将博物馆空间发展成为凝聚社区力量的枢纽。

3. 博物馆社区营造凝结社区力量传承社区文化

大众参与式的博物馆社区营造，在以文化认同感、社会共同体吸引群众共建的同时，也凝结起了传承发展社区文化的社区力量，有利于保存社区优秀的文化。

以北京史家胡同博物馆社区营造为例，社区营造主导者在营造过程中将营造定义为一种通过搭建人与人之间的桥梁，促使多元利益主体自发地参与到空间改造、经济社会环境改善的过程中去。[1] 在此过程中，以社区营造的方式凝结起社区力量参与社区博物馆的共建共享，促进社区文化的宣传与提升。社区营造主导者和社区群众，以及高校、设计院、技术企业、城市策划机构、传媒平台等机构联手发起"胡同微花园"系列展览、营造北京国际设计周朝阳门分会场策划设计、举办论坛和活动等多种共同参与、共同建设的内容。

此外，博物馆的社区营造为社区居民打造了一个居民课堂，既可以为社区群众提供游憩休闲的场所，也可以满足社区群众精神文化需求。在博物馆的社区营造过程中，志愿者作为营造活动推进的纽带，连接起博物馆资源和社区群众，让博物馆资源成为大众共享的内容，延展了资源利用的长度和广度。博物馆社区的营造推动了社区文化建设、社区文化形象的塑造。

（二）IP 化将传播力转化为品牌力

"互联网 +"背景下，博物馆充分发挥自身文化属性的优势条件，以年轻态的传播理念，融入大众文化；借助博物馆 IP 化途径，以文创产品开发、跨媒体创作、IP 主题展览、内

---

1 参见王思渝、王虹光《社会性下博物馆职能的渗透与后退——以史家胡同博物馆为例》，《博物院》2019 年第 5 期。

容授权、品牌授权等形式跨界联合，打通博物馆 IP 的流通，在大众群体中普及博物馆文化，塑造文化品牌，增强博物馆传播度。

1. 博物馆 IP 的基本概念

IP 是英文"intellectual property"的缩写，即中文的"知识产权"，随着"互联网+"的发展，IP 的定义也随之改变。传统意义上的 IP 概念并不陌生，依据《建立世界知识产权组织公约》中对它的定义，知识产权包括传统意义上的著作权（或称版权）、商标权、专利权和"一切其他来自工业、科学及文学艺术领域的智力创作活动所产生的权利"[1]。在"互联网+"时代下，随着互联网与文化产业的融合发展，IP 涌现出新的定义，可以特指借助不同媒介形态的转化、移植，用于二次或多次改编创作的文化内容。即在"互联网+"下，IP 是代表着内容，是以它为中心的改编作品的灵感来源。[2] 如以小说为 IP，二次创作后将其转化为电视剧，经过多次创作，衍生出文创产品。此外，"大 IP"概念的提出，对 IP 进行了区分，和一般的知识产权作品相比，大 IP 作品可以作

---

1 韩续峰：《有关博物馆知识产权问题的探析》，《法制博览》2014 年第 12 期。

2 参见姜璐《"IP"经营——博物馆提供公共文化产品与服务的新思路探索》，《中国博物馆》2017 年第 1 期。

为超级文化符号的代表，对它的开发利用有着巨大的影响力和商业价值。[1]

在新时代背景下，围绕博物馆 IP 开发产品和服务已成为博物馆发展的一个方向。《国务院关于进一步加强文物工作的指导意见》中指出，要"实施'互联网＋中华文明'行动计划，支持和引导企事业单位通过市场方式让文物活起来"。让博物馆中的文物活起来，意味着在现代生活中展示藏品的文化内涵，让文物融入现代生活中。在文博领域，逐渐涌现出以博物馆 IP 为内容开发形态不同、高辨识度的产品和服务，拉近博物馆与受众的距离，提升博物馆影响力。

针对博物馆 IP 的概念，国际上处于不断调整变化的状态，各国对其界定也各不相同。2007 年，世界知识产权组织在《博物馆知识产权管理指南》中将博物馆 IP 定义为包括版权、商标权、专利权、域名权和工业设计权五个大类。2013 年，新版《博物馆知识产权管理指南》调整了知识产权的分类并对相关内容进行调整，将专利权扩充为专利权和商业秘密，将域名权扩展为网络域名和其他与社交媒体相关的

---

1 参见徐冉、周珂芯《新媒体环境下传统文化大 IP 传播策略探析——以故宫 IP 为例》，《文化创新比较研究》2020 年第 24 期。

标示形式。[1]这一调整的出发点主要是基于互联网语境下，博物馆 IP 包含的种类具有多元化、时代化的特点，传统的概念界定已不再适用。鉴于各国对博物馆 IP 的利用研究深度和广度有所不同，各国语境下的博物馆 IP 概念多有不同。在我国，博物馆 IP 由著作权、商标权、专利权及域名权构成。[2]

博物馆丰富的文化资源为 IP 创作开发提供可能。据相关数据统计，在所有登记在册的不可移动文物、可移动文物中，博物馆文物藏品占比超过 75%，这些文物藏品代表的文化意义则不胜枚举。因此，博物馆有着丰富的 IP 资源可供使用，这对提升博物馆品牌影响力、强化博物馆影响力有着不可忽视的意义。

2. 博物馆 IP 化的优势

博物馆 IP 的应用，并非凭空而出的一种行为，而是随着文化理念和经济结构变化而产生的一种商业模式，其中，博物馆天然的文化属性和文化优势，是促使博物馆 IP 产生的主要原因。2015 年，我国《博物馆条例》中指出，国家鼓

---

1 Rina Elster Pantalony, *Guide on Managing Intellectual Property for Museums*, Geneva: WIPO Publication, 2013, pp.12-15.

2 参见来小鹏、杨美琳《博物馆相关知识产权法律问题研究》，《中国博物馆》2012 年第 4 期。

励博物馆通过挖掘藏品内涵，开发文创产品，或与相关产业结合，借此提升博物馆的发展力。博物馆在收藏、研究、展览和教育的基础上，还应满足社会文化消费的需要，博物馆与生俱来的文化属性正是实现这一目标的动力。

首先，博物馆拥有天然强大的文化基因和稀缺性。作为藏品收藏和展示的空间，馆藏文物有着悠久的历史文化，非人工包装打造出的故事，这是博物馆 IP 有别于一般文化产业 IP 开发的关键点；稀缺性则确保了 IP 为博物馆独家专属，具有唯一性，满足大众追求个性新鲜的想法，这些都是 IP 产品和服务开发的天然智库。其次，博物馆 IP 的排他性确保了博物馆具备独家使用权，其他行业使用时必须经由博物馆的授权方可完成，这也增强了博物馆对 IP 的掌控。再次，大众对博物馆有着较强的文化接受度和情感依赖度。博物馆藏品历经时间洗礼，早已成为社会生活文化的一部分，大众对其有较高的接受度。最后，IP 品牌效应为大众带来较强的情感黏性。因此，博物馆 IP 化有着天然的优势，不过，如何转化利用 IP 是博物馆需要解决的问题，也是博物馆能否提升品牌影响力的一个因素。

3. 博物馆 IP 化的方式方法

博物馆 IP 化经营的关键在于 IP 的授权与转化，在实际操作中，博物馆具有双重身份，既是知识产权的所有者、创

作者和授权人，也是知识产权的使用者和授权方。按照 IP
经营方式的差异，大致呈现为文创产品开发、跨媒体创作、
IP 主题展览、内容授权、品牌授权五大类型。[1]

在文创产品开发上，博物馆围绕一个 IP 展开多种形式
的设计创作。比如大英博物馆以罗塞塔石碑为 IP 开发点，
设计开发 U 盘、文具、服饰、生活用品等十余个种类的文
创产品，丰富了产品类型，也增强了大众购买意愿。在跨媒
体创作上，多围绕一个 IP 内容，展开不同媒体平台的文化
产品和服务的创作。如在影视领域，台北故宫博物院与导演
合作，以馆藏文物《黄州寒食帖》为线索拍摄影片《经过》，
在影片中展现众多官方文物，加深大众了解；《我在故宫修
文物》在央视播出后，转战 B 站平台，引发全网热议和关
注，促进了大电影的完成及大众的二次创作，提高了故宫博
物院的知名度。应用新媒体技术，以主题展览形式呈现博物
馆 IP 化也是当前一个趋势。以展览"不朽的梵·高"为例，
展览现场全部由数码高清影像呈现，没有一幅实体画作，降
低了跨地域展览的难度，更利于博物馆文化的传播。另外，
以内容授权的形式将博物馆相关内容的版权授予被许可方，

---

1 参见姜璐《"IP"经营——博物馆提供公共文化产品与服务的新思路探
索》，《中国博物馆》2017 年第 1 期。

并收取一定的许可费,是博物馆获取知识产权收益的另一种方式。最后,以品牌授权的形式,将博物馆的名称、商标、展览服务方式、运营模式、专利技术等资源授权给被授权方使用,也是现行的一种博物馆 IP 化方式。以英国维多利亚与艾尔伯特博物馆为例,该博物馆与设计互联（Design Society）合作在深圳蛇口建设海外分馆,并提供专业经验支持、机构运营模式研究、专业人员培训和策展等服务,在海外完成博物馆品牌文化战略的营建,提高了博物馆的知名度和传播度。

第七章

○

博物馆数字化与其他产业融合发展

在"互联网＋"背景下，博物馆推进了数字化的转型发展。与此同时，跨界发展日益成为博物馆发展的大势所趋。本章将关注文旅融合背景下的博物馆与旅游融合发展，以及文旅融合下的博物馆研学教育、博物馆与文创设计的融合发展及博物馆与动漫游戏的融合发展。

一、文旅融合与馆旅合作

博物馆依托与生俱来的文化属性，拥有丰富的文化资本和文化资源。博物馆和旅游的融合将文化资源转化为文化旅游体验，赋予了旅游文化内涵，提升了旅游的文化价值，实现了博物馆向"文化的旅游化"和"旅游的文化化"转变。在此过程中，一方面二者相互作用，实现旅游促进博物馆传播、塑造博物馆品牌力、提升博物馆旅游质量的双赢效果；另一方面二者又有所不同，应尊重事实规律，"宜融则融"。

（一）国内外博物馆与旅游研究发展概况

2019年，国际博物馆日以"作为文化中枢的博物馆：传统的未来"为主题，将博物馆定位为"文化中枢"，表明了博物馆在文化领域的重要地位。随着博物馆多元化的发展，博物馆与社会的关系也在不断地调整变化。现阶段，作为文化展示和文化服务的载体，博物馆文化旅游成为文化产业和旅游产业融合的一种主要形式。[1]

自1984年新博物馆学运动成立以来，博物馆的管理哲学已经从以"物"为中心转向以"人"为中心，博物馆与公众和社会之间的关系正日益成为人们关注的焦点。国外博物馆旅游研究始于20世纪20年代，聚焦博物馆功能演变和游客身份转变、博物馆游客行为研究、博物馆旅游功能开发、

---

1 参见冯英杰、钟水映《全域旅游视角下的博物馆文化旅游发展研究——基于游客满意度的调查》，《西北民族大学学报（哲学社会科学版）》2018年第3期。

博物馆文化旅游研究四个方面。[1] 此后的 50 年间，博物馆学研究与旅游研究实现了更加紧密的联系。从 20 世纪 80 年代开始，在文化和旅游融合发展领域，国际博物馆界在"博物馆与文化景观""博物馆与自然遗产""博物馆与旅游"等方面不断获得成果。[2] 例如，1976 年，国际古迹遗址理事会在其全体会议上通过了《文化旅游宪章》；1977 年，国际博物馆协会第 12 次大会第 2 号决议"博物馆与世界旅游"开始关注博物馆旅游话题；2000 年，国际博物馆协会通过《博物馆与文化观光旅游宪章原则的建议》；2006 年，国际博物馆协会通过《金边——万象文化多样性与遗产旅游宪章》；2008 年，国际博物馆协会和世界博物馆公谊会联合会发布了《世界可持续文化旅游宣言》[3]；2009 年，国际博物馆日的主题是"博物馆与旅游"，标志着博物馆已成为旅游活动的重要载体，博物馆旅游的意义也得到了公众的认可。国际博物馆界也将视线聚焦公众领域，围绕博物馆功能设施、游客行为

1 参见冯英杰、钟水映《全域旅游视角下的博物馆文化旅游发展研究——基于游客满意度的调查》，《西北民族大学学报（哲学社会科学版）》2018 年第 3 期。

2 参见何东蕾《文旅融合背景下对中国博物馆发展的思考》，《中国博物馆》2019 年第 4 期。

3 参见宋才发《民族博物馆与旅游业发展内在联系探讨》，《广西师范大学学报（哲学社会科学版）》2012 年第 2 期。

研究与满意度研究及二者的关系展开研究。[1]

国内关于博物馆旅游的研究始于 20 世纪 90 年代末期，在时间、研究深度和广度上晚于国外，历经近 30 年的发展，在博物馆旅游领域已经有了一定的思考和研究成果。博物馆与旅游的结合涉及博物馆场馆的建设和旅游功能的开发，向博物馆休闲娱乐功能开发过渡，兼顾博物馆宣传营销、服务水平提升，以及博物馆经济效益和社会效益领域。[2] 在此基础上，完成对博物馆旅游的概念定位、资源梳理、数据分析发展对策研究。

（二）从博物馆旅游到博物馆文化旅游的演变

博物馆丰富的藏品，是城市历史的印记、城市现状和未来景观的展示，是城市历史文化最集中的场域。博物馆作为城市中重要的公共文化建筑，越来越成为游客了解城市的首选。

为了满足日益增长的游客参观需求，博物馆逐渐将重点从一般的旅游配套服务转向关注游客的文化体验。国际博物

---

1 参见苗宾《文旅融合背景下的博物馆旅游发展思考》,《中国博物馆》2020 年第 2 期。

2 参见苗宾《文旅融合背景下的博物馆旅游发展思考》,《中国博物馆》2020 年第 2 期。

馆界在与旅游结合的初始阶段，为了满足旅游发展的客观需求，首先增设了各项旅游配套业态，如开设轻餐店、增加咖啡厅、设置纪念品商店，甚至搭建演出场所等[1]，满足旅游基本的休闲、娱乐、购物需求。博物馆天然的文化属性让博物馆旅游有别于一般意义的旅游，赋予了旅游文化的含义，提高了旅游的文化价值，游客在了解展品的过程中获得了文化体验；通过门票、文创商品和餐饮的收入，博物馆在传播文化的同时获得了一定的经济收益。在发达国家，一批聚焦文化和旅游融合发展的高品质博物馆品牌已经形成，并获得可观的社会效益和经济效益。以西班牙毕尔巴鄂古根海姆博物馆为例，据统计，1997年博物馆建成后为当地带来了58%的游客增长量，极大地促进了当地的城市旅游和经济发展。[2]

在国内，随着博物馆旅游逐渐成为焦点，博物馆的社会开放和公共服务日益成熟，主要体现在博物馆馆区位置选址科学化、交通可达性高，强化与城市的联系；配套服务设施日益完备；展览和教育活动丰富多元，为游客提供更多元的文化体验。在顶层设计层面，相关政策措施的制定促进了博

---

1 参见钱兆悦《文旅融合下的博物馆公众服务：新理念、新方法》，《东南文化》2018年第3期。

2 参见董方慧《城市博物馆旅游开发模式的分析——以无锡为例》，硕士学位论文，北京交通大学，2012年。

物馆与文化旅游的紧密结合。2017 年发布的《关于实施中华优秀传统文化传承发展工程的意见》中，明确提出要把优秀传统文化融入生产生活，大力发展文化旅游，推动休闲生活与传统文化融合发展。2018 年，文化和旅游部的组建标志着文化事业、文化产业和旅游业进入全面融合发展的新阶段，随后，《关于促进全域旅游发展的指导意见》明确要求推动文化旅游融合发展，推动科学利用博物馆等文化场所开展文化、文物旅游。面对文化与旅游融合的国家重大战略部署，以及新时期文旅融合的新要求，博物馆与文化旅游的融合进入全面发展阶段。在苏州，以苏州博物馆为首，以国有博物馆为主题、专题博物馆为特色、民办博物馆为补充，类型多样、主题多元的博物馆体系已经形成 [1]，从"以文促旅，以旅彰文"出发，文旅融合成为连接博物馆与社会大众、联系文化与旅游的强力黏合剂。

（三）文旅融合下博物馆与旅游的关系

博物馆与旅游之间相互关联，又有所区别，旅游可以促进博物馆文化的传播，博物馆可以提升旅游的文化质量；二

---

1 参见钱兆悦《文旅融合下的博物馆公众服务：新理念、新方法》，《东南文化》2018 年第 3 期。

者在属性、目的、发展等层面有天然差别，文旅融合下的博物馆与旅游融合发展，要尊重事实规律，做到"宜融则融"。

根据文化和旅游部公布的《2019年文化和旅游发展统计公报》，2019年全年国内旅游人数60.06亿人次，博物馆接待观众114732万人次，比上年增长9.9%，参观博物馆的观众虽只占总旅游人数的19%，博物馆参观人数却占文物机构接待观众总数的85.5%。[1]数据表明，在博物馆与旅游融合发展下，博物馆旅游成为文博机构旅游参观的主要构成，也成为游客倾向的选择。此外，据亚太组织"游客愿意支付的额外项目"调查结果显示，60%的人愿意为"有机会获得更多的文化体验"买单[2]，表明博物馆旅游出行选择有着重要的影响，有望成为推动文化观光旅游业发展和拉动经济增长的重要力量。

与旅游业的融合，使博物馆与当代文化生态形成良好互动，有助于博物馆文化传播，成为地区吸引力的中心，进而获得城市品牌竞争的核心价值，增强其吸引力、创造力、转

---

1 参见中华人民共和国文化和旅游部《2019年文化和旅游发展统计公报》，2020年6月22日。

2 参见张栋《全域旅游理念下的文化旅游资源再审视》，《中国青年报》2017年11月2日。

化力、融合力、革新力¹，从而促进地区文化的传承与发展。

博物馆与旅游业的紧密结合，扩大了博物馆的旅游参观人数。以世界三大博物馆之一的巴黎卢浮宫博物馆为例，2002年全年共接待570万名参观者，其中，外国人占66%；历史上参观人数最多的2000年游客量达到了610万。²庞大的参观人数在观展后购买文创纪念品是博物馆文化传播的有效途径，根据史密森尼学会的一项调查，美国观众把博物馆纪念品店看作吸引他们参观博物馆的第二重要原因，仅次于"个人享受"³。文创衍生品作为博物馆文化传播、教育和娱乐的载体，物化了藏品的内涵和审美情感，以有趣便携的形式走进普通人的生活，实现了文化资源的创造性转化和创新性发展。

对于博物馆旅游功能的认识是一个动态变化的过程，在博物馆与旅游融合之下，旅游活动从一般意义上的游览观光

---

1 参见赵迎芳《论文旅融合背景下的博物馆旅游创新发展》，《东岳论丛》
　2021年第5期。
2 参见戴昕、陆林、杨兴柱等《国外博物馆旅游研究进展及启示》，《旅游学
　刊》2007年第3期。
3《英美博物馆的文创产品为何广受欢迎》，搜狐网（https://www.sohu.
　com/a/126688193_558429）。

上升为文化含量高的游憩活动[1]，提升了旅游文化品质。与一般的旅游资源不同，拥有丰富藏品的博物馆提供了特色文化旅游资源，"它能使旅游活动由单纯的娱乐升华为与满足文化需要紧密结合的高层次的身心活动，从而使现代旅游与传统的低层次旅游区别开来"[2]。在此过程中，博物馆的功能也在不断调整变化，逐渐发展形成博物馆旅游综合体[3]，博物馆类别也更加多元化，细分发展为以工业旅游为主的行业博物馆、以体验式旅游为主的生态博物馆、以标准化旅游为主的博物馆群落、以旅游演艺为一体的纪念馆融合影视休闲开发的博物馆等不同类型的博物馆综合体。

二、文教融合下的馆校合作和研学之旅

文旅融合带动了旅游与创意、教育等行业的长效发展，在此过程中，博物馆的教育功能凸显出来。研学旅行以教育为目标的属性和博物馆的教育功能不谋而合，在相关政策之

---

1 参见杜江《中国旅行社业发展的回顾与前瞻》，《旅游学刊》2003 年第 6 期。

2 杨丽：《我国博物馆特色旅游开发刍议》，《经济地理》2003 年第 1 期。

3 参见赵迎芳《论文旅融合背景下的博物馆旅游创新发展》，《东岳论丛》2021 年第 5 期。

下，二者的有机结合实现了"博物馆文化＋旅游体验"的充分融合。现阶段，博物馆研学也面临着产品形式单一且尚未形成品牌力、专业人才不足、营销宣传有待优化提升、开发经费不足、馆校合作机制有待建立健全的困境。

（一）从研学旅行到文旅融合下的博物馆研学的发展

研学旅行，也称研学旅游、游学，根据狭义和广义的定义不同，概念上略有区别。狭义上的研学旅游，是指由学校组织、学生参与，以培养中小学学生综合素养为目的，以团队形式组织探索性学习与旅游体验相结合的校外教育活动。[1]从广义角度看，研学旅行是指以研究性、探究性学习为目的的专项旅行，它是游览者从文化求知需求出发的一种在一地开展文化属性的旅游活动行为。[2]

在国家发布的各个文件指导下，"研学旅行"逐步从常规概念上升到中小学实践课程的层面。"研学旅行"概念在官方文件中的首次出现可以追溯到 2013 年 2 月颁布的《国民休闲旅游纲要（2013—2020 年）》（以下简称"《旅游纲

---

1 参见鄢莹《公共图书馆文旅融合的典型实践与分析》，《图书与情报》2019 年第 1 期。

2 参见杨艳利《研学旅行：撬动素质教育的杠杆——访上海师范大学旅游学系系主任朱立新教授》，《中国德育》2014 年第 17 期。

要》"），《旅游纲要》第二部分第四条明确指出要"逐步推行中小学生研学旅行"。此后，我国发布的各类文件中均提及研学旅行这一概念。2014 年 7 月，教育部发布《中小学学生赴境外研学旅行活动指南（试行）》，2014 年 8 月，国务院发布《关于促进旅游业改革发展的若干意见》，在这两份文件中，研学旅行包括的内容宽泛，包括夏（冬）令营、境外学习语言及其他短期课程、开展文艺演出和比赛交流等活动，尚未进行细分。随后，2016 年 11 月，教育部和文化部等 11 部门推出了《关于推进中小学生研学旅行的意见》（以下简称《意见》）；同年，国家旅游局出台《研学旅行服务规范》规定了研学旅行的各项服务规范；2017 年，《中小学综合实践活动课程指导纲要》（以下简称"《指导纲要》"）的发布，将研学划为社会实践课程的一部分纳入全国中小学生必修课程和教学计划，并将研学最终评价结果计入学生学分档案。至此，研学旅行从国家层面被划入中小学生实践课程，成为学校必开课程之一。

《意见》的推出，为研学旅行与博物馆的融合发展提供了政策导向。《意见》中明确规定了研学旅行的工作目标、基本原则、主要任务、组织保障等，提出要将研学旅行纳入中小学教育教学计划，为研学旅行的开展提供了政策上的支持。[1]《意见》也指出，中小学生需要参与旅行考察活动，通过社会服务活动及职业体验等方式进一步学习博物馆相关历史、人文、民俗等内容。[2] 在《意见》引导下，研学旅行开始与博物馆结合推出博物馆研学旅行。2017 年，教育部确定了部分中小学研学旅行实践教育基地，其中包含了 51 家博物馆，涵盖了科技馆、自然博物馆、陈列馆等，同时还有一些具有纪念意义的博物馆和科普中心。[3]

博物馆研学，作为一种以教育部门和学校有计划地组织安排中小学生在博物馆开展集体研究性学习和旅行体验相结合的教育活动，逐渐发展形成"游"与"学"相结合的教育模式，同时具有文化、教育和旅游属性。[4] 随着 2018 年各级文旅局相继组建完成，旅游产业改革进一步加深了文旅融合

1 参见张加欣《我国研学旅行的发展现状及策略研究》，《课程教学研究》2019 年第 7 期。

2 参见赵慧《文旅融合背景下博物馆研学产品开发问题探析》，《西部学刊》2020 年第 19 期。

3 参见李芳《博物馆研学旅行课程的开发与实践》，《文物鉴定与鉴赏》2020 年第 1 期。

4 参见袁一帆《文旅融合背景下的博物馆研学旅行发展思考》，《地理教学》2021 年第 1 期。

的局面，使得博物馆研学产品开发面临新的发展机遇。[1]

（二）博物馆研学旅行发展的现实基础

博物馆和研学旅行之间关于教育功能的天然联系，配合国家政策的支持，为博物馆研学的纵深发展搭建了现实基础。

首先，研学旅行是以"教育＋产品"的形式存在。《意见》中规定研学旅行是践行社会主义核心价值观、全面实施素质教育、培养学生文明旅游意识的重要方式，强调了研学旅行的教育意义。研学旅行的实践过程是以实地参观、观察、聆听研学讲解，完成学习体验、知识分享交流的过程，它的实现需要建立在具体的课程产品基础上。根据《博物馆条例》，博物馆的核心价值主要体现在教育、研究、欣赏三个方面，其中又以教育为重中之重。[2]研学旅行注重教育属性的理念，与博物馆承担的教育功能不谋而合。

博物馆是历史文化遗产和现代生活场景集合构成的特定文化场所，拥有丰富的藏品资源和专业知识牢固的文博工作

---

1 参见赵慧《文旅融合背景下博物馆研学产品开发问题探析》，《西部学刊》
   2020年第19期。

2 参见林晓平《文旅合并视野下博物馆教育工作研究》，《产业与科技论坛》
   2020年第1期。

人员，在实现教育功能目标方面有着绝对优势。早在 2016 年发布的《国务院关于进一步加强文物工作的指导意见》（以下简称"《指导意见》"）中强调了博物馆要具备教育、欣赏及研究目的，收藏和保护那些能够见证自然环境发展和人类社会进步的藏品，需要依法到登记管理机关进行等级鉴定，并且属于非营利性组织。在《指导意见》的规范下，教育功能逐步占据博物馆功能的首要位置，《指导意见》中对博物馆的定义进行了调整，也对博物馆后续的运营发展产生了影响。[1] 在此背景下，研学旅行的教育属性和博物馆重教育功能的理念取得一致性，为二者的融合发展奠定了基石：在融合过程中，研学旅行将深化扩大博物馆价值、加快博物馆价值实现的速度；博物馆为研学提供场地、讲解服务、藏品研学等支持，助力研学教育目标的完成。

其次，国家从顶层建设领域为博物馆研学提供了政策支持：《意见》对研学旅行工作的经费保障、安全保障等提出了明确要求；教育部《关于培育和践行社会主义核心价值观进一步加强中小学德育工作的意见》中明确提出充分广泛利用博物馆来组织学生定期开展研学旅行活动；中宣部等四

---

1 参见朱蔚琦《文旅融合背景下研学旅行的发展研究》，《齐齐哈尔师范高等专科学校学报》2019 年第 4 期。

部门联合下发的《关于全国博物馆、纪念馆免费开放的通知》中提出积极推进博物馆进校园，提供人性化的服务项目如研学旅行项目，发挥社会教育功能；《国家文物事业发展"十三五"规划》中要求定期开展博物馆中小学生教育活动，如研学旅行教育精品项目和示范活动，提高博物馆对中小学生的教育功能；教育部下发的《关于公布第一批全国中小学生研学实践教育基地、营地名单的通知》包括51家博物馆。由此可知，博物馆是实施中小学研学旅行的重要场所，是政策支持的校外课堂，也是文旅融合下与研学纵深发展的助推器。

（三）博物馆数字化下的研学教育——以英国为例

现阶段，博物馆研学课程主要围绕挖掘博物馆周边环境、馆徽、藏品、遗迹等文化元素中知识点、知识单元，展开课程设计、材料组织工作，开发形成系列的主题鲜明、创意新颖、逻辑性强、内容有趣的博物馆研学课程体系。此外，博物馆的不同类型属性也决定了研学类型内容的差异化和多样化。一般而言，研学课程主要包括自然景观、文化遗产、科普场所、农业景观、工业景观、公共交通等资源，教学内容具有趣味性、实践性和启发性。[1] 在此过程中，实现了文化从博物馆资源到学生消费行为产品的转化，以及从消费产品到学生体验思考过程的转变，它们各自依序发生、相互依存，贯穿文旅融合背景下的博物馆研学旅行全过程。[2]

自 20 世纪 60 年代起，博物馆开始在教育上与学校合作，博物馆教育以职业领域走进公众视野。在数字化战略下，英国在博物馆领域展开了数字化战略的具体实践，以博物馆数字化战略的发展目的，实现了数字化下的博物馆教育与研学。[3] 数字化战略下的博物馆教育和研学借助数字化技术强化参观者对展品的认识，满足了参观者可以自由制定参观路线的意愿。数字化形势下的博物馆教育丰富了参观者的游览体验，赋予参观者更丰富多元的观展体验。

皇家不列颠哥伦比亚博物馆在实行其数字化战略文件中的振兴教育时，在博物馆内为专家学者、学生、老师设立数字教室，联动博物馆资源与信息技术，实现博物馆研学教育

---

1 参见周子烨《呼和浩特市初中地理研学旅行课程资源开发与应用》，硕士学位论文，内蒙古师范大学，2020 年。

2 参见张朝枝、朱敏敏《文化和旅游融合：多层次关系内涵、挑战与践行路径》，《旅游学刊》2020 年第 3 期。

3 参见刘灿姣、姜薇《英国博物馆数字化战略的教育影响与启示》，《当代教育与文化》2019 年第 3 期。

与数字化技术的结合。此外，博物馆通过建立数字化学习平台，设立相关教育课程，满足青少年儿童和成年用户远程教育研学的需求，以此实现数字化背景下博物馆的研学教育。如果放宽博物馆研学受众的范围，博物馆研学教育的对象既可以是在校学生，也可以是社会大众，在博物馆展开的教育活动对于普通人也是人生研学的一个体验。例如，英国泰特现代美术馆与社区合作，开展以"艺术融入生活"为主题的社区学习计划，通过招募成年人加入社区学习工作坊，让博物馆从业人员参与工作坊的工作指导，实现了博物馆周边社区成员与博物馆资源的有效互动和学习。在实施过程中，博物馆从业人员带领每组 5~15 人不等的成员，在每幅作品前停留 10~15 分钟的时间，在工作人员的指导下，借助学习工具学习了解藏品相关知识并自由交流讨论，实现与藏品建立深层次联系的目的。

在博物馆数字化教育下，博物馆教育形势越发丰富，线下参观展览、互动体验课程、线上视频、博物馆游戏、数字化社区等功能的开发和设立，打破了传统意义上的博物馆研学的空间界限和内容界限，拓宽了博物馆研学边界。在博物馆的数字化战略下，博物馆研学教育不必拘泥于物理空间，而是外延至虚拟空间，借助博物馆网站、社交媒体、博物馆移动应用等载体完成博物馆相关内容的传播。此外，数字化战略下的博物馆教育培养了学生对数字化设备的使用能力，帮助学生利用电子设备进行文物知识学习与知识体系搭建。如在英国泰特现代美术馆与伦敦 CLC（教育发展信托）合作组织的活动中，通过教会儿童用数字化技术进行创作、实验、设计，建立了学校与家庭之间的联结，既让儿童收获了相关文物知识，也学会了数字化设备的操作。

三、博物馆与文创设计的融合发展

博物馆与文创设计的结合源于 20 世纪 80 年代西方博物馆的实践。现阶段，在我国政策利好形势及相关理论支撑下，博物馆与文创设计的融合发展正在稳步开展，其开发模式呈现出多样化，产品开发表现为系列化、IP 授权衍生等现象。此外，博物馆与文创设计的融合存在一定的问题有待改进。

（一）博物馆与文创设计融合发展的现状

博物馆与文创设计的融合发展和时代发展的大背景、相关理论 [1] 的提出有着密不可分的关系。

---

1 参见赵迎芳《中国博物馆文化创意产品开发的理论与实践》，《山东社会科学》2020 年第 4 期。

博物馆与文创设计相关政策的出台，为博物馆行业与文创行业的跨界发展提供了行业指引和保障。2002 年，在党的十六大报告中首次提出要积极发展文化事业和文化产业，深化文化体制改革。[1] 2010 年，中国博物馆协会发布《关于加强博物馆文化产品开发倡议书》，提出要深入挖掘与博物馆藏品和展览内容相关的中华民族传统文化元素，开发丰富多彩的博物馆文化产品，拓展和延伸博物馆教育、传播和服务功能，使博物馆更加贴近实际、贴近生活、贴近群众的博物馆文化产品开发的指导思想。2016 年，国务院办公厅转发了《关于推动文化文物单位文化创意产品开发的若干意见》；2017 年，《文化部"十三五"时期文化发展改革规划》出台。国家政策法规的相继出台为博物馆与文创产业的融合发展指明了方向，为文创产品设计、生产、消费提供了政策支持。

博物馆领域及相关领域理论的提出，助推了博物馆与文创设计的融合发展。首先，"新博物馆学"理论的提出，主张重新检验博物馆在社会中扮演的角色，强调以"人"的需求为中心，替代过去以"物"为中心的管理理念。自 20 世

---

1 参见田虹、王汉瑛《中国城乡居民文化消费区域差异性研究——基于面板门槛模型的实证检验》，《东北师大学报（哲学社会科学版）》2016 年第 3 期。

纪 90 年代后，博物馆以更加民主、开放、专业、敏锐的发展态势，契合社会的需求，逐渐形成与文创设计的融合，满足人的需求。其次，建立在体验经济理论下以满足消费购买过程所引发的精神享受逐渐成为关注点，它强调体验过程的附加值远远高于有形商品本身。[1] 在此背景下，文娱业不断转型升级，博物馆等文化机构顺势而为，革新传统经营模式，在兼顾"参观"与"消费"的趋势之下[2]，博物馆与文创融合成为自然而然的发展趋势。最后，创意产业理论鼓励不同行业、不同产业通过跨界合作的方式促进产业结构升级和调整，博物馆作为拥有丰富创造力的文化机构，为文化创造提供了源源不断的创意源泉，具有与文创设计的融合发展打造文化产品、开展文化休闲娱乐活动、挖掘文化旅游产业的潜力。

博物馆文化创意产业作为博物馆文化产业的一个范畴，是文化产业中重视创意的一个环节，"利用文化创意理念重新组织博物馆经营活动，将博物馆特有的文化资源按创意产业规律进行创造性的加工和整合、从而形成全新的'博物馆

---

1 参见［美］B. 约瑟夫·派恩、詹姆斯·H. 吉尔摩《体验经济》，夏业良、鲁炜等译，机械工业出版社 2008 年版，第 6 页。
2 参见赵迎芳《中国博物馆文化创意产品开发的理论与实践》，《山东社会科学》2020 年第 4 期。

文化创意产品',并推向市场的工作"[1]。其中,博物馆文化创意产业包括创意产品和创意服务两大类,由有形产品和无形产品两部分组成,有形产品包括各种基于博物馆藏品、特色文化或者博物馆建筑而设计的产品;无形产品包括博物馆联合举办的展览服务、教育活动、讲座等。[2]博物馆文创产品作为文创产业发展的重要构成部分,它是设计师借助视觉元素,通过创新的产品外在形象来反映博物馆及藏品的文化精神内核,搭建了博物馆文化与大众之间的桥梁,对博物馆文化传播、提升博物馆效益有着积极的作用。

自 20 世纪 80 年代起,西方博物馆逐渐在博物馆内开设博物馆商店,延伸博物馆服务的消费空间、拓展博物馆文化对话空间。[3]2010 年,《关于加强博物馆文化产品开发倡议书》的发布得到国内许多博物馆的支持与响应,为我国博物馆文创产品设计、文创商店开设起到促进作用,国内以故宫博物院、中国国家博物馆、上海博物馆等为引领的博物馆文创产

---

1 邢致远:《博物馆文化创意产业模式与产品研究》,《艺术百家》2014 年第 S1 期。

2 参见杨帆《浅议博物馆文化产品的开发及营销——以大英博物馆和卢浮宫博物馆为例》,《故宫博物院院刊》2013 年第 4 期。

3 参见易平《文化消费语境下的博物馆文创产品设计》,《包装工程》2018 年第 8 期。

品已经日趋成熟，但较西方博物馆文创产品设计仍有一段距离。例如，自 2013 年开始，故宫文创产品陆续推出不同品类和风格的文创产品，"回避肃静"行李牌、"朕亦甚想你"折扇、"冷宫""御膳房"冰箱贴获得大众青睐；2016 年主打传统宫廷御点的故宫食品"朕的心意"登陆天猫店，与御膳传承人合作制作的各式枣花酥、贵妃饼、福字饼等糕点都十分畅销，在大众间引发关注热潮。随着对博物馆文创产品开发的重视，以"搭建博物馆行业交流平台、服务博物馆行业创新发展"为宗旨的我国博物馆及相关领域唯一大型综合性行业博览会——"中国博物馆及相关产品与技术博览会"的召开成为常态化。[1]

（二）博物馆与文创设计融合发展的方法与模式

博物馆在与文创设计结合的过程中，将馆藏文物与文化作为产品设计开发的核心，建立馆藏文物和产品之间的有机联系，以文化的方式进行文创产品系统性、持续性的设计开发，形成建立在馆藏文物基础上的文创产品体系。根据博物馆与文创设计融合方式的不同，博物馆文创开发表现出不同

---

1 参见易平《文化消费语境下的博物馆文创产品设计》，《包装工程》2018 年第 8 期。

的模式。

建立在充分利用馆藏资源基础上的协同开发模式[1]，是一种常见的博物馆与文创设计融合方式。通常情况下，大部分博物馆的文创产品开发多以服务外包的形式展开，在专门从事文创设计开发的馆外团队的支持下进行文创产品开发，只有少数研发成熟、体系构建完整的大型博物馆进行自主研发设计。随着博物馆文创设计的日渐成熟，为了扩大博物馆产品开发范围、吸引馆外设计力量积极参与，博物馆在进行文创产品队伍建设的同时，也依托网络平台搭建协同开发联盟和线上开发平台，提升文创产品设计能力、提高产品竞争力。

建立在已有文化品牌影响力产品基础上的文创产品开发也是一种普遍存在的博物馆文创设计方式。[2]博物馆文创产品设计研发是一种机遇与挑战并存的实践活动，优化产品结构使之与文化产品公益品牌相结合的开发模式也是现阶段广

---

1 参见周美玉、孙昕《博物馆文创产品设计研究》，《包装工程》2020 年第 20 期。

2 参见周美玉、孙昕《博物馆文创产品设计研究》，《包装工程》2020 年第 20 期。

泛采取的一种博物馆文创设计产品开发模式。[1] 在此模式下，博物馆文创产品的开发是建立在已有文化品牌产品的基础上，由此展开的温床产品形式与风格更新、产品迭代的开发过程。这种建立在已有文化品牌基础上的文创产品开发具有对文化元素深入挖掘的特点，对于后续产品营销有着积极作用。以故宫博物院《上新了·故宫》电视节目为例，在已经形成一定文化品牌的基础上，故宫以"明星 KOL+ 文创产品"途径进行文创产品研发，将馆藏历史文物形象地转化为更加日常化、更贴近生活的形象，让严肃的文物以活泼的形式展现出来，拉近大众与文物的距离，促进馆藏文物的文化传播。此外，依托区域文化、环境、资源和经济优势，以及依靠文创产业扶持政策开展的博物馆文创设计，也是常见的博物馆与文创设计融合的发展模式。

博物馆在文创开发上表现出"产品系列化"的模式，即统一元素（产品族 DNA）在多种实物载体上的应用，使产品具有"家族化"特征。国外博物馆的文创开发多以此作为产品特色，以大英博物馆为例，拥有馆藏文物资源丰富的特点，大英博物馆的文创产品开发多围绕一个元素进行深入广

1 参见张爱红《博物馆艺术衍生品创意开发模式研究》，《艺术百家》2015年第 4 期。

泛的文创产品开发，现已形成了以埃及猫为主题的 30 多种文创产品，以及围绕日本葛饰北斋浮世绘开发的 40 多种产品，其中以罗塞塔石碑衍生出的 60 多种文创产品也是其中的一个缩影。国内博物馆最早应用系列化开发思路的是甘肃省博物馆基于莲花元素设计的十几种文创产品。[1] 文创产品"系列化"的设计方式围绕同一个文物元素开展设计，凸显了文创产品主题、丰富了同一元素下文创产品的多样性，提高了文创产品的趣味性。

　　建立在授权机制上的博物馆文创产品设计也是文物产品设计的一种方式。[2] 在此模式下，博物馆、设计公司、生产商、销售商四个机构共同构成了文创产品从灵感到设计、从生产再到销售的全流程开发程序。在此过程中，博物馆为文创设计提供文物考证与研究，确保文物开发利用的准确性；设计团队对文物进行转译、再构，化抽象为具体，并投入生产过程，最终完成消费者购买体验的整个过程。例如，台北故宫博物院通过与 Alessi 品牌的合作，推出了"清宫家族""东方传说"两个系列文创产品，在品牌方的销售网络下，实现产

---

1 参见程辉《博物馆文创产业研究的现状、问题与方向》，《包装工程》2019 年第 24 期。

2 参见程辉《博物馆文创产业研究的现状、问题与方向》，《包装工程》2019 年第 24 期。

品的全球销售，实现文化输出和文化品牌提升。

（三）博物馆与文创设计融合发展的问题与对策

在政策支持下，博物馆文创设计迎来全面发展的时期，已经形成了比较完整的博物馆产业链，也开发出了有创意、有文化、有美感、有使用价值的文创产品。然而，博物馆文创设计呈现也表现出发展不均，以故宫博物院、上海博物馆等实力雄厚的大馆为代表的博物馆发展状况较好，多数省级博物馆尚且发展不足。主要问题及对策可归纳为以下几点。

其一，博物馆自我发展意识淡薄。鉴于中国绝大多数博物馆都是全额拨款的公益性机构，长期依赖财政拨款进行维护和运营，导致缺乏以自我为中心的发展意识。主要表现在将文化事业与文化产业、公益与利润作为对立面，没有进行相关的尝试，导致文创开发原动力不足。

其二，博物馆文创产品创意创新能力有待提高。综观现阶段博物馆文创产品设计多以纪念品为主，产品围绕明信片、徽章、文物复（仿）制品、图书音像等产品展开，究其原因多是由于品牌意识淡薄、美学设计观念落后等引起的。此外，创新力的不足也表现在产品同质化严重，一家博物馆产品爆红之后引起多家博物馆模仿，容易造成大众审美疲劳。

其三，文化创意产品开发理论研究投入不足。目前，博物馆工作的重点大多围绕文物保护、文化传播和文化教育，在文化再生与改造、文化创意产品开发、市场需求和品牌建设等方面的研究投入不足。囿于体制限制，博物馆的文创开发政策要求落后，阻碍了文创产品设计。

因此，博物馆应该调整经营理念，强化市场意识，增强自主发展意识，善于利用市场机制进行文创产品的研发与设计，获得利益的最大化。另外，博物馆应与设计团队配合，深入挖掘文物的文化内涵，准确定位文化产品开发、突出文化产品特色，不盲目跟风。此外，强化文创产品开发的理论研究也是促进博物馆文创产品设计的一个有效措施，博物馆可以建立专门的研究队伍，开展深入的研究。

四、博物馆与动漫游戏的融合发展

与游戏企业合作，利用虚拟现实技术，在故宫博物院里"吃鸡"、在古城里跑酷、指挥兵马俑与六国会战函谷关等。

博物馆在多个领域开展了跨界合作，其中，博物馆与动漫游戏的融合发展渐渐成为发展热潮。基于国家政策支持、移动设备更新迭代、博物馆数字化跨界发展的现实背景，博物馆与动漫游戏的融合发展除了表现为传统意义上的博物馆对动漫游戏的收藏、展示之外，还表现为博物馆元素以独立形式、嵌套形式与动漫游戏融合发展。博物馆与动漫游戏的融合发展，不仅提升了动漫游戏的文化内涵，也增强了用户对传统文化的情感认同和认知。

（一）博物馆与动漫游戏融合的背景

博物馆与动漫游戏的融合发展在国内属于近几年新兴的趋势，它的出现并不是博物馆与动漫游戏的简单融合，而是多方助力下的成果。

首先，国家从政策层面对文化市场的发展给予了支持，推动了在互联网和数字化领域让"文物活起来"的进展。2016 年，《关于推动文化文物单位文化创意产品开发的若干意见》正式出台，拉开了博物馆与文创产品开发营销的序幕，博物馆文物资源动漫化成为未来发展方向之一。2016年印发的《"互联网＋中华文明"三年行动计划》中明确指出："依托文物信息资源，重点开展互联网＋文物教育、文物文创、文物素材再造、文物动漫游戏、文物旅游，以及渠道拓展与聚合等工作。"文件的印发是"互联网＋"行动纲要在文化领域的重要应用[1]，文件中对电子游戏发展的多项建议表明了以动漫游戏为载体的博物馆文物资源普及与宣传获得了国家的支持与肯定，为博物馆与动漫游戏的融合发展提供了政策依据。2017 年，国家文物局在《国家文物事业发展"十三五"规划》中提出，要打造博物馆文创品牌、建立文创研发基地，助推博物馆与动漫融合。[2]

其次，移动设备的出现成为移动端游戏角逐的平台[3]，庞大的游戏用户群体为融合发展提供基石。在传统的数字游戏市场上，单机游戏终端、掌上游戏机等设备曾经是游戏市场的主要数字设备。智能移动设备与电脑、游戏机等设备相比，其便携的特性成为移动端游戏发展的优势，让手机移动端游戏市场成为游戏公司争取的平台。此外，游戏领域内不以娱乐为首要目的的功能游戏[4]，结合多种不同的应用领域和场景，突出功能性和适用性，同时保留了传统游戏的本

---

1 参见张紫媛《博物馆 + 数字游戏：跨界的话语和实践》,《中国博物馆》2021 年第 2 期。

2 参见金紫桐、魏言畅、曹珂、温雅《西安碑林博物馆碑刻动漫化创新探索》,《文化产业》2020 年第 9 期。

3 参见邢丽霞《对国内博物馆移动端游戏的探究与认识》,《科学教育与博物馆》2021 年第 3 期。

4 参见中娱智库《2020 功能游戏产业报告》, 2020 年 7 月 30 日, 腾讯游戏追梦计划网站。

质特征，与教育、医疗、商业、文化等领域有着不同程度的融合发展，是博物馆与游戏融合发展的游戏类型选择之一。在游戏用户数量上，2020 年游戏用户达 6.65 亿，同比增长 3.7%[1]，庞大的用户群体为博物馆与游戏的融合发展奠定了基石。

最后，博物馆数字化跨界发展促使博物馆与动漫游戏的融合发展。[2] 在互联网与科学技术发展之下，各行各业的资源数字化成为趋势，在此背景下，博物馆借助数字化手段实现了展陈、收藏的数字化转变，是博物馆与数字化融合发展的先驱力，促进了"博物馆+"的深入发展。2017 年，腾讯研究院发布的《跨界发现游戏力》一文显示，游戏产业已跨界应用到军事、教育、医疗、企业商业、社会管理等领域，游戏与教育相结合成为新的认知工具。"游戏+教育"[3] 的认知方式契合新生代的偏好，是跨界发展的优势所在。2014 年，故宫博物院推出应用皇帝的一天的成功，探索了博物馆与游戏

---

1 参见中国音像与数字出版协会游戏工委、中国游戏产业发展研究院《2020 年中国游戏产业报告》，2020 年 12 月 17 日。

2 参见邢丽霞《对国内博物馆移动端游戏的探究与认识》，《科学教育与博物馆》2021 年第 3 期。

3 参见童清艳《从"娱乐"到"功能"：游戏助力社会智能与趣味化》，《中国文化报》2018 年 3 月 2 日。

融合发展的方式方法，对进一步的深入发展具有一定的借鉴意义。

（二）博物馆与动漫游戏融合的实践

在博物馆与动漫游戏的融合发展上，根据融合方式的不同，表现出不同的融合状态，反映出融合过程中主导力量的不同。

在游戏领域，游戏以藏品、展览主题的形式进入博物馆，体现了博物馆的收藏、展示功能；博物元素以独立、嵌套的形式融入数字游戏，反映了博物馆的教育职能。

第一，数字游戏以藏品的形式出现在博物馆在我国虽然尚属少见，国外博物馆却主要以"设计品"和"艺术品"两种定位收藏游戏。[1] 2012 年，纽约现代艺术博物馆（MoMA）收藏了 14 款数字游戏，对于"数字游戏不是艺术"的质疑，策展人表示 MoMA 是将数字游戏作为互动设计收藏的。如何定义和看待作为"第九艺术品"的数字游戏，不同的博物馆有着不同的阐释和定义。

第二，游戏可以以展品的形式进入博物馆。2014 年，苏

---

1 参见张紫媛《博物馆＋数字游戏：跨界的话语和实践》，《中国博物馆》2021 年第 2 期。

格兰国家博物馆在举办 Game Masters 展览时，曾以"苏格兰骄傲"为结语表明苏格兰在英国游戏产业的重要地位[1]，表明数字游戏不仅具有单纯的娱乐性，也有一定的经济文化属性。

第三，博物馆元素可以以独立的形式呈现在游戏之中[2]，即在游戏内容构架的基础上，将博物馆元素作为游戏的内容主体进行呈现。在我国，这一领域最具代表性的案例属于故宫博物院与网易游戏合作推出的《绘真·妙笔千山》。在博物馆人的参与下，博物馆与游戏开发方共同合作创立游戏，且在此过程中博物馆人为游戏制作提供大量的文化指导。此外，也有游戏开发者独立完成的博物馆元素独立游戏。

第四，博物馆元素嵌套游戏是博物馆与游戏融合发展的一个便捷方式。[3] 在此模式下，游戏主要内容不再围绕博物馆元素展开，博物馆元素多以 IP 授权或博物馆人员担任顾

---

1 参见张紫嫒《博物馆 + 数字游戏：跨界的话语和实践》，《中国博物馆》2021 年第 2 期。

2 参见邢丽霞《对国内博物馆移动端游戏的探究与认识》，《科学教育与博物馆》2021 年第 3 期。

3 参见邢丽霞《对国内博物馆移动端游戏的探究与认识》，《科学教育与博物馆》2021 年第 3 期。

问的形式参与游戏的制作。以腾讯公司旗下开发的《王者荣耀》为例，敦煌研究院对游戏开发方授权飞天元素，最终以"飞天皮肤"的形式呈现文物与游戏的结合。

在动漫领域，博物馆文物资源的动漫化通常指借助数字媒体技术，设计博物馆馆藏文物资源动漫形象，或是融入动画、漫画、游戏、AAP等的制作[1]，达到增强互动体验、传播博物馆文化、促进博物馆文化产业的发展。博物馆文物资源的动漫化起源于欧洲和美国，现已形成三方面的成果：一是文物核心元素的准确提取，二是消费产品的设计与生产，三是包括艺术授权、海外开发在内的动漫角色的延展与创新。[2]例如，大英博物馆以馆藏文物资源为创作灵感开发了"埃及萌神"系列形象和文创产品。作品以"小茗"人物为核心内涵，将埃及法老、埃及艳后、阿努比斯、斯芬克斯作为模仿对象展开动漫化创作，从年轻人的视角讲述古埃及经典藏品。此外，博物馆与消费领域开展跨界创作，授权IP合作、拓宽文物宣传渠道，实现文物资源的活化利用。

---

1 参见黄静妮、王丽梅《博物馆文物资源动漫化开发策略探究》，《动漫研究》2021年第1期。

2 参见周志《博物馆文创大家谈》，《装饰》2016年第4期。

（三）博物馆与动漫游戏融合的意义

博物馆与动漫游戏的融合的意义并不是简单的跨界融合，而是一种建立在博物馆、动漫游戏、用户基础上的文化输出、文化宣传、内容深化、文化认同感。

首先，博物馆与动漫游戏的跨界融合有利于博物馆文化的输出与宣传。新媒体的兴起革新了传统的宣传方式和途径，传统意义上的博物馆文物宣传已经不能满足大众对文物知识获取的需求，促使博物馆拓宽宣传领域、革新宣传途径，以年轻人喜闻乐见的形式宣传文物资源。动漫游戏有着庞大的年轻用户群，有利于凸显博物馆借助动漫游戏宣传博物馆文化。[1]以游戏为文化传承的纽带，将博物馆与游戏结合的方式是一种承载历史、传承文化的重要途径，也是基于互联网集体智慧、寓教于乐的非正式学习方式。[2]

其次，博物馆文物的加盟拓宽了动漫游戏开发方的选题范围、赋予动漫游戏产品文化内涵。当前，游戏化学习成为

---

1 参见邢丽霞《对国内博物馆移动端游戏的探究与认识》，《科学教育与博物馆》2021 年第 3 期。

2 参见张剑平、胡玥、夏文菁《集体智慧视野下的非正式学习及其环境模型构建》，《远程教育杂志》2016 年第 6 期。

博物馆学习的一个重要方面[1]，建立在动漫游戏基础上的博物馆学习拉近了展览项目和下一代博物馆参观者的距离。以博物馆文物作为动漫游戏的元素内容，丰富了动漫游戏内涵。在国内，故宫博物院是最早探索将数字游戏作为教育手段的博物馆。2014 年，它开发并推出了 iPad 儿童应用程序皇帝的一天，将文化教育内容融于游戏之中，增加了游戏文化内涵，改变了传统模式下以娱乐为主的游戏属性。2020 年，游戏《江南百景图》的上线在用户中引起热议，用户化身文徵明在游戏中差遣各朝名人建设家园，家园布景又多以《清明上河图》等古画中的元素为创作灵感，在提升游戏可玩性的同时，赋予游戏以文化教育内容。

最后，建立在博物馆元素基础上的动漫游戏增强了大众玩家对传统文化的情感认知和认同。[2]以趣味性和休闲娱乐为主的动漫游戏，满足了用户娱乐的主要诉求，文化教育属性较弱。将博物馆元素以独立形式或是嵌套形式融入动漫游戏中，在赋予了动漫游戏文化内涵的基础上，以寓教于乐的方式唤起并培养了用户对传统文化情感的认知和认同。尽管用

---

1 参见张剑平、夏文菁、余燕芳《信息时代的博物馆学习及其研究论纲》，《开放教育研究》2017 年第 1 期。

2 参见邢丽霞《对国内博物馆移动端游戏的探究与认识》，《科学教育与博物馆》2021 年第 3 期。

户玩游戏看动漫的出发点是以娱乐为目的的休闲放松，游戏开发方在产品中合理有效地运用博物馆馆元素，对产品进行了创新性的创造与生产，是扩大产品用户面、增强文物宣传的一种方式。反之，庞大的用户群体在寓教于乐中体验了产品、强化了文化认同感，增强了产品黏性，二者相互作用，可以形成良性循环。

第八章

○

博物馆数字化的未来展望

一、博物馆数字化对其自身发展的影响

2017 年 3 月英国政府颁布了英国数字化战略，旨在通过完善数字化基础设施、强化数字化技能的学习和使用，打造数字化政府、企业等一系列举措，建立一个更加公平、强大的服务于民众的数字化国家。英国数字化战略的颁布是对英国博物馆数字化建设的号召，此后为积极响应国家数字化战略，英国各大博物馆纷纷发布本馆数字化发展战略，以其信息化、个性化的数字实施战略助推英国博物馆数字化建设达

到新的高度。[1]

英国博物馆数字化建设的诸多案例也为中国博物馆数字化发展带来了参照和启示，而新科技浪潮的涌动也为中国博物馆数字化的未来发展带来了一系列的机遇与挑战。

2021年12月，中央网络安全和信息化委员会印发《"十四五"国家信息化规划》，规划中指出："直面'后疫情时代'全球产业链供应链深刻变化、全球治理体系深刻变革，适应我国社会主要矛盾变化，加快数字化发展、建设数字中国，是培育新发展动能，激发新发展活力，弥合数字鸿沟，加快推进国家治理体系和治理能力现代化，促进人的全面发展和社会全面进步的必然选择。"该规划的发布表明国家信息化发展正式上升为明确的国家政策方向。当前，我国数字化转型政策工具更加丰富，政策体系更加完备，政策措施更加具有可操作性，这些政策的新变化背后的主要逻辑集中在三个方面：一是适应新技术演进的主动选择；二是适应新需求不断转变的现实需要；三是适应新要素快速发展的前瞻布局。于博物馆数字化建设而言，其数字化转型主要体现在三个方面：加快博物馆数字化技术的迭代更新、满足后疫

---

1 参见周继洋《博物馆数字化发展问题研究》，《中国国情国力》2021年第6期。

情时代下大众的数字化需求、推动博物馆建设实现数字化驱动。

（一）加快博物馆数字化技术的迭代更新

技术的迭代更新是博物馆数字化建设的动力源。2015年，国际博物馆协会与联合国教科文组织发布的《关于保护与促进博物馆和收藏及其多样性、社会角色的建议书》重点议题之一便是博物馆如何获取并充分利用新技术。5G、大数据、人工智能、VR、AR、全息影像等新技术在博物馆领域的不断应用演进，在改善博物馆传统问题的基础上，使之焕发出新的生机。数字化扫描技术的应用，减少了馆藏文物信息丢失的可能；文物信息的数字化整理，消减了信息流动的难度，便于对文物的研究，避免了文物研究的"孤岛效应"；影像技术在博物馆展陈领域的创新应用，促使博物馆迸发出个性化、趣味化的浏览生机，使其以更平易近人的形式发挥了博物馆教育的公共职能；5G、大数据等数据传输技术的应用，使得观众在"云端"也能参与博物馆的现场展览，拓展了博物馆以往传播面小的发展困境。未来，随着新技术在博物馆领域应用的适应性与深入性不断提高，新技术对博物馆的赋能作用将不断加强，博物馆数字化应用场景也将更加丰富。

（二）满足后疫情时代下大众的数字化需求

2020 年 10 月，国家文物局就政协十三届全国委员会第三次会议中有关博物馆的《关于大力发展博物馆"云展览"的提案》《关于大力加强文物数字化建设的提案》等 5 个提案进行了回复，国家文物局提出要推动"云展览"平台建设、将文物数字化纳入"新基建"，推动科技赋能博物馆文化新业态等建议。[1] 2020 年，新冠疫情的暴发不仅深刻影响了国际卫生环境及社会公共秩序，对大众社会心理及消费需求的变化也产生了深远的影响。疫情常态化趋势促使大众对于数字化平台的依赖不断加深，博物馆也不例外。数字化博物馆在失去了"凝视"所带来的情感与视觉冲击下，如何满足观众的需求是博物馆发展不得不思考的重要课题。早在疫情前，英国泰特美术馆就明确其数字化战略是建立"观众中心制"，以开放共享可持续的发展理念实现其多平台的共同构建。这一理念对于我国博物馆数字化建设同样有着参考意义。如何通过对博物馆数字空间的创新构建实现博物馆个性化表达，以使其适应大众语境，使得在浩如烟海的知识碎片中撷取到数字博物馆这一分支，并使其通过出版、广播、数

---

1 参见柴婧《博物馆数字化发展研究——以吉林省为例》，《艺术研究》2019 年第 4 期。

字媒体等开放渠道，实现真正意义上的口袋里的博物馆，数字技术与大众需求的不断融合是未来我国博物馆数字化建设的发展趋势及亟待解决的课题。

（三）推动博物馆建设实现数字化驱动

从更本质的角度看，数据已经成为新的关键生产要素。博物馆在运营和管理过程中会产生大量数据，包括藏品数据、展品数据、研究数据、社教数据、宣传数据、观众数据、票务数据、文创产品销售数据及行政办公数据等，这些数据不断生发、不断积累，形成博物馆海量的无形数据资产，与博物馆的有形资产共同构成博物馆的双核驱动资产。数字资产具有可复制、客观准确、可分享、无限增长、可持续发展等特点，科学合理利用的话，将为博物馆创造无穷的价值。在数据驱动下，数字化转型必然从围绕优化流程向数据挖掘、数字分类、智能分析等更深层次应用发展。如何强化数据驱动这个核心逻辑，推动数据要素潜力的不断释放成为当前数字化转型政策的重心和难点。博物馆融合了物联网、云计算、移动互联、大数据、人工智能等技术的应用，建立了"物"与"人"之间的双向实时信息交互，实现了信息智能的实时、自动、按需采集，利用大数据和云计算技术对信息进行及时、高效、准确的综合处理和分析，为博物馆的管理和发展提供决策依据。

随着我国博物馆数字化建设向着信息化、系统化、服务化的进程高速迈进，出现了一些不得不忽视的问题，这也是未来博物馆数字化研究的重要方向。另外，数字化发展不均衡的问题较明显，这种不均衡分为纵横两个维度。纵向，是指博物馆藏品数据质量不高，内容与技术关系难以把握，好的博物馆应兼具收藏、研究、教育、展陈、传播的功能，技术的强调使得博物馆文物与数字技术适应度较低。同时，数字化技术的不完善使得博物馆文物相关数据库安全度降低，一旦失窃，将面临严重的文物复制、文物侵权等问题。横向，体现在馆际间"数字鸿沟"较为突出，我国博物馆数字化进程差距突出，顶尖的博物馆代表其发展远远超过国内大多数博物馆数字化进度，但国内大多数中心博物馆还停留在为数字化而数字化的程度，这种唯技术论的做法不仅让博物馆背上沉重的资金负担，也与博物馆的本质发生偏离，在一定程度上消减了博物馆的严肃性与历史性。

发达国家博物馆数字化发展经历了三个基本阶段：基础设施建设和普及阶段、优质资源建设阶段、智能服务阶段。未来，中国的博物馆建设需要聚焦数据资源，建设一个人性化、多元化、共享化、集成化、智能化的未来数字博物馆。

二、博物馆数字化对（数字）文娱的影响

科技变革的日新月异促使博物馆逐渐成为融合性信息数据的集合体，博物馆建设不再局限于对文物数量和展示方式的单一重视，而是更加关注博物馆作为一种媒介对人产生的影响。福柯曾将凝视概括为三大层次：第一，作为一种观看方式，凝视是人的目光投射，是凝视动作的实施主体施加于承受客体的一种作用力；第二，在现代社会，凝视是有形的和普遍存在的，凝视象征着一种权力关系，它是一种软暴力；第三，对社会发展和人类进步而言，权力不仅意味着压制，更意味着生产。[1]如今，泛媒介化的观看习惯促使个人和社会都加深了对媒介所塑造的经验世界的依赖，重构了人们的生产生活方式。于是"博物馆"作为被凝视对象，其使命、宗旨、展览形式受大众凝视心理的变更的影响，逐渐从具有某种权威性的鉴赏场所演变为大众娱乐消费的场所。究其根源是数字技术的快速发展，丰富了大众文娱媒介，媒介的泛化导致大众娱乐习惯以至娱乐心理的转变，数字技术对博物馆发展进程的影响主要体现在以下三个方面。

---

1 参见沈业成《关于博物馆数字化转型的思考》，《中国博物馆》2022 年第 2 期。

（一）博物馆数字化发展缩短了观众与博物馆的距离

新冠疫情的暴发是一次典型的"黑天鹅"事件，于博物馆而言，其数字化的变革趋势恰恰给予了博物馆在疫情防控常态化形势下再生发展的可能。据文化和旅游部不完全统计数据显示，2020—2021 年，全国各地博物馆共推出 2000 余项在线展览，访问量突破 50 亿次。直播活动更是单日观看量就超过千万。[1] 线上展示不受地理或时间的影响，确保了不同地区和观众参与的便捷性，降低了观众观展的时间和经济成本。同时，在直播过程中，观众可以听到文物专家或策展人亲自讲解文物，并与博物馆工作人员进行即时交流互动，增强了观众云参观的热情，改变了博物馆过去晦涩难懂的形象。正如 2020 年国际博物馆日主题"致力于平等的博物馆：多元和包容"所主张的，新世纪博物馆为不同身份和背景的人们创造有意义的体验潜力，未来博物馆将继续更新升级现在的数字化资源，充分运用"数字＋文化"的成果，在整合现有数字资源的基础上，实现让不同地域、不同民族、不同年龄、不同社会阶层人群共享博物馆文化的全新探索。

---

1 参见李明辉《博物馆藏品数字化发展趋势与路径探讨》，《信息系统工程》2021 年第 9 期。

（二）博物馆数字化发展丰富了观众的文化需求和体验

博物馆的社会责任之一就是尽其所能将展品以至展陈空间的文化价值传递给观众，新技术的演进改变了这种传递的进程以至结构，数字技术的加入促使博物馆有能力去重视人与展品之间的互动交流。因此，观众的参与度逐渐成为现代数字化博物馆策展的重要考量因素，观众正逐渐以参与者、传播者以至创作者的身份进入人与历史文化的物质载体的邂逅当中，未来，博物馆很可能成为集体创作的产物。目前，我国博物馆数字平台海量的存储功能、先进新颖的多媒体展示手段和数字化应用技术，可以为观众提供内容体积更大的多种知识信息流，观众可以通过对不同信息的检索，自觉满足不同层次的个性化文化诉求。此外，国内一些博物馆已开始探索立体 Flash、虚拟漫游、高空鸟瞰等多种形式的展览展示，极大地丰富了观众的感官体验，增加了观众在实际参展过程中的参与度。未来我国博物馆数字化发展将依据开放强大的信息系统，实现宣传营销数字化、内容呈现方式数字化、互动交流数字化的生产探索。

（三）博物馆数字化技术策进多维度深化融合与跨界

信息传递的便利化促使"跨界"趋势的应运而生，行业间多元化合作成为博物馆行业的发展态势。近年来，博物馆与其他产业跨界合作层出不穷。2016 年 9 月，故宫博物院与凤凰卫视签订战略合作框架协议，共同研发《清明上河图》高科技互动艺术展演。2017 年 12 月，腾讯与敦煌研究院签订战略合作协议，启动"数字丝路"计划。2019 年 9 月，故宫博物院与腾讯共同签订深化战略合作协议，通过"数字化 + 云化 +AI 化"合力推进"数字故宫"建设。同月，秦始皇帝陵博物院与腾讯开启合作，共建"数字秦陵"。[1] 博物馆数字化建设与跨界合作的发展态势随着疫情的暴发，呈急速增长趋势。自 2020 年以来，我国博物馆积极与腾讯、百度、今日头条（抖音）、快手、淘宝直播等国内一线互联网平台合作，多次推出直播活动，取得了良好的社会效果，凸显了博物馆与媒体跨界合作的重要性。在后疫情时代，博物馆将继续加强与数字媒体的合作。通过深入挖掘博物馆展览和藏品的特点，结合观众的文化需求，将共同打造更多的数字展示产品，如云展览、云课程、云直播等，以获得更多社会关注和流量。

相比于技术或经费，博物馆数字化文娱发展将会是博物馆数字化进程中不可缺失的一环。而契合现代大众心理的理

---

1 参见刘艳锋《文物博物馆数字化建设现状及发展趋势探讨》，《文化产业》2020 年第 5 期。

念、打破陈规的勇气及举重若轻的态度，将为博物馆的数字化发展提供源源不断的动力。

三、博物馆数字化对（数字）经济的影响

《"十四五"规划纲要》提出了"加快数字化发展，建设数字中国"的战略，指出各行各业打造数字经济新优势、加快数字社会建设步伐、提高数字增幅建设水平、营造良好数字生态。随着博物馆推进数字化建设，依托丰富的数字文化资源，结合数字技术，与数字经济的结合越发紧密。

（一）数字经济下的博物馆资源数字化

数字经济的出现，将人类经济形态从工业经济推向了信息经济、知识经济、智慧经济形态。所谓数字经济，是一种依托数字化的知识和信息作为关键生产要素，以数字技术为核心驱动力，以现代信息网络为载体，在数字技术与实体经济深度融合之下，逐步提高数字化、网络化、智能化水平，加速构建经济发展和治理模式的新型经济形态。《中国数字经济发展白皮书（2020年）》数据显示，2015年到2019年间，我国数字经济增加值规模从2.6亿元扩张到了35.8万亿

元，数字经济占 GDP 的比重从 14.2% 提升至 36.2%。[1] 2020 年，我国数字经济保持 9.7% 的高位增长。[2] 数据表明，数字经济发展迅速，已经占据我国经济增长不可小觑的比重。经济发展之下，带动文化的生产与传播，数字经济的发展为文化与数字经济的融合、发展创造了条件，促进了数字经济下文化相关产业与机构的发展。

博物馆作为文博产业的重要构成部分，数字经济的兴起为博物馆的发展与文化传播带来了新的发展机遇。数字经济趋势下的博物馆借助大数据、人工智能、移动互联网、云计算、5G 通信等新型技术，构建了一个为社会及其发展服务的、向公众开放的非营利性常设机构[3]，扩展了博物馆传统意义上收藏、展出、教育的内涵，丰富了博物馆作为文化研究、传播、教育机构的角色。在此环境下，博物馆的数字资源是数字经济下博物馆内涵和角色扩充的基石与保障，让博物馆的数字化发展成为可能，也为博物馆在数字经济趋势下

---

1 参见朱冰冰《数字经济时代背景下博物馆文化创意产业的发展路径研究》，《四川省干部函授学院（四川文化产业职业学院）学报》2021 年第 1 期。

2 参见王明宇《通信新基建赋能美好数字生活》，《通信管理与技术》2022 年第 2 期。

3 参见熊艳《浅析数字经济趋势下博物馆无形资产管理的问题与对策》，《国有资产管理》2021 年第 11 期。

的发展占据一席之地。

博物馆数字资源的本体来源于馆藏文物，如器物、绘画、古籍等，以及遗址类博物馆中的古建筑、铭文等实体建筑的物理形式；利用相机、扫描仪等数字设备对博物馆馆藏文物进行采集即获得了以博物馆的图片、文本、声音、视频等素材为主的数字资源。换言之，博物馆的数字资源即是借助数字设备采集的以馆藏文物为主体的数字影像等"数字化"资源。它是一种直接来源于博物馆实体文物的数字资源，也是博物馆的原始数字资源。[1] 在原始资源基础上开展加工制作而得的资源，构成了博物馆的衍生数字资源。其中，衍生数字资源既包括在原始素材基础上进行创作后的文化作品，也包括在不改变原始素材的基础上，通过多个原始素材的组合形成的新的文化作品，它们共同构成了博物馆的衍生资源。由此可见，博物馆数字资源由两部分构成，其一是原始数字资源，其二则是衍生资源，它们共同构成博物馆在数字环境下的文化传播与教育功能，实现数字经济下的博物馆发展。

----

1 参见张小李《论博物馆数字资源的经济属性及其边界》，《中国博物馆》2013 年第 1 期。

（二）博物馆数字化的经济属性表现

由原始数字资源与衍生数字资源共同构成的博物馆数字资源，是博物馆馆藏文物实体的一种衍生物，是一种特殊的数字文化资产，具有一定的社会属性和经济属性。这是由博物馆馆藏实体文物属于文化资产、具有一定的社会属性和经济属性决定的。它延续到博物馆数字资源上，赋予数字资源可生产、可复制的特点，具备参与经济活动的条件。

博物馆馆藏文物作为一种特殊的资产，有着不可估量的经济价值。文物载体及其维护投资使其成为一种有形资产，文物的精神功能使其成为一种无形资产。展厅中收藏和展出的文物本身就是有形的文化资产，象征着源远流长的中华文明，见证着历史文化的发展，其本身又是一种无形的资产，有着不可估量的经济价值。"文化搭台，经济唱戏"，由此衍生出的文博行业、文博会展、文化创意产业等行业已经成为经济活动的一部分，以文化传播的影响力带动地区文化旅游、文化消费，促进区域经济发展。

博物馆经济在表现形式上主要体现为融合旅游、文化、消费等产业的一种集合体形态，对于区域软实力提升、推动经济实现一定程度的发展有着促进作用。[1]首先，随着大众旅游模式从休闲旅游向文化旅游过渡，以往以购物和休闲为主的旅游活动逐渐处于次要位置，大众更倾向有文化、有内涵的旅游方式，以了解当地历史文化和艺术文化为主的文化旅游逐渐成为旅游主流方向。其次，博物馆业在带动旅游发展的同时，也推动了与旅游相关的产业发展，促进了当地经济发展。例如，由博物馆文化旅游带来的文化消费、旅游住宿、餐饮消费等旅游服务业态是文化旅游的受益行业之一，为行业发展甚至地区经济带来的增长不可小觑。

（三）数字化博物馆对经济的影响

以美国博物馆为例，根据 2018 年发表的《作为经济引擎的博物馆》(*Museums as Economic Engines*)数据显示，在美国，博物馆提供了 72.6 万个工作岗位，直接雇用了 37.21 万人，是体育行业专业人员数量的两倍多。此外，受供应链和员工支出等因素影响，博物馆每创造 100 美元的经济活动，美国其他经济部门的产出就会增加 220 美元，即美国博物馆每年将为美国经济贡献 500 亿美元。报告中也表明，美

---

[1] 参见《让博物馆助推经济发展——香港故宫文化博物馆馆长吴志华谈博物馆文化舆产业发展》，2020 年 1 月 20 日，东方财经杂志。

国博物馆每年为联邦政府、州政府和地方政府创造超过 120
亿美元的税收。在其他行业，博物馆经济也带来显著的贡
献，如为休闲娱乐和酒店行业带来约 170 亿美元，为金融活
动带来 120 亿美元，在教育、医疗服务和制造业领域创收约
30 亿美元。[1] 由此可见，博物馆强劲的经济潜力对文化产业、
文化消费产业等业态有着很大影响力，对经济发展有着一定
的推动作用。

　　发源于博物馆的数字文化资源，作为一种特殊的数字文
化资产，与数字化应用结合紧密的趋势越来越凸显，其具有
的经济属性对数字经济有着一定的影响力。博物馆数字化发
展之下，博物馆数字化活动从业人员呈现递增态势，2020 年
春，博物馆数字化人才比例仅为 26.1%，到 2021 年春，博物
馆数字化从业人员为 21.9%，统计线上非全日制数字化员工
人数，整体比例从 2020 年的 55.7% 增长到 2021 年的 61%，
整体呈现增长态势。博物馆的数字化为数字化经济下的就业
人员提供了客观的就业岗位。此外，博物馆拓展了数字化的
创收手段，其中选择线上销售的博物馆比例达到 14.1%，研
发新文创产品的占 11.3%，开办网店的占 14.1%，推出数字

---

1 参见石蓓《美国博物馆文化与博物馆经济》，"城 PLUS"微信公众号，
　2020 年 1 月 10 日。

化会员的占 5.6%。[1] 这些均表明，数字化博物馆创造了就业岗位、实现了与线上平台结合的发展模式，促进了数字经济的发展。以英国自然历史博物馆为例，当地将馆藏 8000 万件藏品数字化处理后，创造了高于成本至少 10 倍的经济效益，产生了 20 亿英镑的经济效益，对于推动食品安全、生物多样性保护和药物研发等具有重要作用。[2]

综上所述，随着数字化产业与博物馆的深度融合，博物馆在传统发展模式基础上的数字化发展对促进文化旅游、文化消费、推动经济发展等方面具有积极的作用；数字经济的发展对博物馆的数字化发展也有着助推作用，二者相辅相成，实现互哺与共同发展。

四、博物馆数字化对（数字）生活的影响

随着线上办公、线上会议逐渐普及化，网络直播、短视频、云观影、云演出、云看展等丰富多样的数字化旅游形态慢慢兴起，推动了社会生活的数字化，博物馆顺应发展，延

---

1 参见《数字化与博物馆深度融合：人人都能拥有博物馆　文物想咋盘就咋盘》，《潇湘晨报》百家号，2021 年 12 月 17 日。

2 参见《英国自然历史博物馆：探索藏品数字化的社会与经济效益》，"弘博网"微博号，2022 年 2 月 7 日。

展出的博物馆数字化影响了大众的数字生活。

（一）数字生活的出现

在《"十四五"规划纲要》中，"加快数字化发展，建设数字中国"的战略要求各行业打造数字经济新优势，加快数字社会建设步伐，提升数字政府建设水平，以互联网的力量为引领，构建良好的数字生态系统，加快数字经济、数字社会和数字政府的建设，通过数字化和智能化推动生产和生活方式的变革。随着互联网、大数据、云计算、人工智能技术的快速发展，与数字相关的发展越来越成为当前发展的重要引擎。

数字技术的发展，助推了数字产业化，以及数字生活的出现。2021 年，住房和城乡建设部、中央网信办、教育部、科技部、工业和信息化部等 16 部门为响应国家发展战略，实现经济转型和升级，联合下发了《关于加快发展数字家庭　提高居住品质的指导意见》，要求数字家庭产业化、智能化，加快数字家庭网络基础设施建设，加强数字基础平台建设，打破智能家居产品各自为战的壁垒，实现智能家居产品跨企业、跨品牌、跨品类的互通，塑造数字化生活，提高大众生活质量。[1] 此外，随着《智慧社区建设运营指南（2021）》的发布，智慧社区建设、社区数字化应用场景，集线上和线下协作于一体的智能社区服务形式成为居民社区生活圈的发展方向，大众生活与数字化结合越显紧密，这都是大众数字化生活表现的方面，实现了大众生活与数字科技的互联。

在营造数字生活空间过程中，随着博物馆与数字化技术的融合发展越来越深入，产出的结果越来越丰富，成为构成大众数字生活的一部分。以数字化背景下博物馆文创产业的发展为例，首先，数字技术逐渐改变了博物馆文化创意产业的发展环境，促进了与其他产业链的创新升级，表现在创意、生产、营销、媒体、消费者等多个环节。在创新方面，博物馆馆藏资源的数字化管理为数字馆藏资源库的建设提供了便利，为创意人员对数据的选取利用提供了多种可能性，为基于现代文化消费语境的文创产品设计激发了可行性。其次，文创产品的生产环节也多受到数字化影响，如敦煌研究院推出的"敦煌诗巾"文创项目，以数字化交互设计为依托，实现了可以随意选择敦煌元素作为丝巾的需求，是数字

---

1 参见王明宇《通信新基建赋能美好数字生活》，《通信管理与技术》2022年第2期。

文创与大众互动的体现。此外，数字化生活空间也对博物馆的传播、营销等方面产生影响，博物馆的数字化也让数字生活更加多样。

（二）数字生活空间中的博物馆数字化

在博物馆数字化发展之下，藏品展陈方式从原始的实物展出形态向融合数字化形态过渡，实现云展示，丰富大众娱乐休闲生活。自 2020 年以来，国家文物局专门发文要求全国各地博物馆在做好疫情防控的同时，利用已有数字资源推出网上展览，联合社会力量创新传播方式[1]，全国各地博物馆纷纷推出云展览。以北京文博交流馆为例，在"智化寺"官方微信公众号和微博同步推出"闭馆不闭展 | 北京文博交流馆 App 继续带您'看古建，听古乐'"云展示导览，通过介绍 App 功能、操作指南、涵盖内容等方面，让大众足不出户就可以参观"智化寺钟鼓展""智化寺故事展""藏殿文化艺术展""智化寺京音乐文化展""如来殿原状陈列展""智化寺建筑展"六大常设展览，以及"馆藏精品文物展"等临时展览。观众借助手机、网络，不仅可以看到展览的完整图文介

---

1 参见金彩霞《对新形势下博物馆云展示的探索思考》，《文化产业》2020
   年第 26 期。

绍，还可以通过点击全景馆展按钮，实现"身临其境"式的沉浸式参展，犹如身在展馆里，实现真正的云看展生活。

博物馆与文创产业融合发展之下，以馆藏文物为 IP 展开商品创作，在线下实体店及线上网店联合销售，丰富了数字生活下的生活消费。以英国大英博物馆为例，2018 年，大英博物馆与天猫建立了深度合作关系，在天猫平台开设淘宝旗舰店上线以馆藏文物为 IP 创作的文创产品，产品刚上架，消费者便购买热情高涨，商品全部售罄。[1] 其中，以藏品盖亚·安德森猫为主题设计的风暴瓶、手办杯、毛毯披肩等产品深获好评，大英博物馆天猫官方旗舰店因此获得数百万粉丝，年访问量上千万人次，为博物馆文创产品的售卖带来了雄厚的粉丝群体。这种以线上进行博物馆文创产品销售的方式既开创了博物馆文创售卖的平台，也为消费者提供了消费新方式，在此过程中，数字化技术联动了博物馆数字化发展的产品与大众的生活，改变了以线下实体店购买为主流的消费形式。

与此同时，随着元宇宙热潮的兴起以及 NFT 技术发行的非同质化数字资产的出现，疫情前后，各大博物馆纷纷推

---

1 参见刘淳《博物馆数字化进程中的展呈应用研究》，《艺术品鉴》2022 年第 11 期。

出 NFT 数字收藏品。NFT 数字藏品是使用区块链技术生成的唯一数字凭证，对应特定的作品、艺术品，在保护其数字版权的基础上，实现真实可信的数字化发行、购买、收藏和使用。[1] NFT 数字收藏品与其他数字收藏品的区别在于，NFT 记录在链上，并将独家所有权授予所有者；与实体藏品相比，数字藏品价格亲民，便于收藏，使珍贵的文物藏品能进入寻常百姓家，拉近公众与博物馆艺术收藏之间的距离。蚂蚁集团、腾讯相继推出数字藏品发行平台，截至 2021 年年底已经为 17 家文博机构提供了数字藏品服务。其中，贵州省博物馆联合鲜活万物与鲸探平台合作推出了东汉铜车马、立虎辫索纹耳铜釜两款数字藏品，单件售价 19.9 元，一经发布，数秒之内已经售罄；河北博物院与河南博物院在鲸探平台分别推出"镇馆之宝"长信宫灯和妇好鸮尊的数字藏品，同样是"秒空"。[2] 可以说，数字藏品是疫情之后文博行业、文创产业在数字时代的创新，是消费者在线购买、观看和收集文化创意产品的廉价便捷渠道。

此外，互联网的出现，让每个人都可以通过网络创造内

---

1 参见张诗溦《博物馆文创第二春：NFT 数字藏品》，《收藏·拍卖》2022 年第 2 期。

2 参见张诗溦《博物馆文创第二春：NFT 数字藏品》，《收藏·拍卖》2022 年第 2 期。

容、发送言论、分享信息，改变了传统形式的信息传播，博物馆数字化的品牌传播建设丰富了数字生活空间中的信息传播内容，丰富了大众信息获取的广度和深度。以故宫博物院为例，自 2010 年开设官方微博以来，以文物介绍和传统文化普及等内容作为宣传方向，以简单利落的篇幅和文字推广文物信息。此后，故宫又开设了微信公众服务号及抖音短视频账号，以时下主流宣传平台塑造品牌文化，推出移动端线上观全景、逛展览、买文创等主要功能，让故宫文化走进大众生活。此外，借助数字化技术在数字生活空间中建设"数字故宫"，推出多个应用软件，如胤禛美人图、每日故宫、中华珍宝馆等传播文物价值；以 VR 技术实现故宫最大规模、最完整、最准确的三维紫禁城重构，塑造"朱棣建造紫禁城"VR4D 沉浸式体验项目[1]，在数字空间中以更贴近生活的方式走进大众生活，传播故宫文化。

人工智能、5G、区块链、VR、AR 等新技术的发展与渗透，催生出元宇宙形态；网络直播、短视频、云端生活等生活方式让数字生活成为社会生活的一部分。元宇宙塑造了一个空间维度上虚拟、时间维度上真实的现实世界，可以很好

---

1 参见肖音《数字生活空间中的博物馆品牌传播——以故宫博物院为例》，《新闻传播》2019 年第 23 期。

地实现博物馆的数字展览。此外，云宇宙强调的临场感、沉浸式体验，契合博物馆数字化展览的要求，进而推动博物馆数字化走进大众生活。例如，2021年，苏州寒山美术馆以"分身：我宇宙"为主题的展览成为国内首个美术馆级元宇宙探索模式。展览选取全球范围内的33位（组）艺术家近40件艺术作品，从不同维度展现数字加密艺术在元宇宙领域中的创作生态，成为数字艺术和元宇宙背景下探索加密艺术、数字艺术新形态与可能性的重要实践。此外，元宇宙在西安大唐不夜城、上海海昌海洋公园等处的实践联动线上线下活动，催生了新型的生活消费场景，丰富了数字文化生活的范围。

人工智能、5G、区块链、VR、AR等新技术的发展与渗透，催生出元宇宙形态，2021年被称为元宇宙元年，从科幻小说、游戏和其他小范围探索正式走到社会公众面前，也蔓延到博物馆，古老的文化遗产与新潮的元宇宙产生了交集。

元宇宙塑造了一个空间维度上虚拟、时间维度上真实的现实世界，建立了基于沉浸式体验的场景空间，人机融合的场景化特征恰好满足了博物馆的需求。由于博物馆文物藏品脱离原生环境，成为孤立的"物"，而适当的数字技术却可以进行时空的再现以至场景的再造，从而实现展览的虚拟化体验。例如，西安大唐不夜城于2021年年底推出元宇宙项目"大唐·开元"：基于唐朝历史文化背景，打造了拥有百万居民的虚拟长安城，并与当代人进行虚拟互动，历史街区在元宇宙中再现，线上线下双向驱动[1]，催生了新型的生活消费场景，丰富了数字文化生活的范围。此外，元宇宙强调的临场感、沉浸式体验，契合博物馆数字化展览的要求，进而推动博物馆数字化走进大众生活。

综上所述，博物馆的数字化发展丰富了数字生活空间的活动多样性，博物馆的数字化展示、云参观、数字化传播及与元宇宙结合的数字化发展，是数字空间中博物馆的数字化发展的体现，博物馆数字生活空间为博物馆的数字化发展提供了平台，塑造了二者共进、紧密联系的局面。

---

1 参见顾振清、肖波、张小朋等《"探索 思考 展望：元宇宙与博物馆"学人笔谈》，《东南文化》2022 年第 3 期。